진리 위에
아들 세우기

A Parent's Guide to Lies Boys Believe

Copyright © 2023 by Erin & Jason Davis

First published in the United States by Moody Publishers, 820 N. LaSalle Blvd., Chicago, IL 60610 with the title *A Parent's Guide to Lies Boys Believe*.

All rights reserved.

This Korean translation edition © 2025 by Timothy Publishing House, Inc., Seoul, Republic of Korea
Published and translated by permission.

이 한국어판의 저작권은 Moody Publishers와 독점 계약한 (주)도서출판 디모데에 있습니다.
신저작권법에 따라 한국 내에서 보호받는 저작물이므로 무단 전재와 무단 복제를 금합니다.

진리 위에 아들 세우기

1쇄 발행	2025년 7월 4일
지은이	에린·제이슨 데이비스
옮긴이	고동일
펴낸이	고종율
펴낸곳	주)도서출판 디모데 〈파이디온선교회 출판 사역 기관〉
등록	2005년 6월 16일 제 319-2005-24호
주소	서울특별시 서초구 서초대로 141-25(방배동, 세일빌딩)
전화	마케팅실 070) 4018-4141
팩스	마케팅실 02) 6919-2381
홈페이지	www.timothybook.com

ISBN 978-89-388-1720-4 (03230)

ⓒ 2025 도서출판 디모데 All rights reserved. 〈Printed in Korea〉

일러두기

본문에 나오는 한글 성경은 새번역을 사용하였고,
그 밖의 경우는 따로 밝혀 두었습니다.

진리 위에 아들 세우기

『앗, 내가 이런 거짓말을 믿었다니!』
남자 어린이
부모 가이드

에린 · 제이슨 데이비스
지음

고동일
옮김

차례

들어가는 말　7

1장.　시작하기　10

2장.　아들보다 더 큰 진리　28

3장.　하나님 말씀을 기뻐하는 마음 키우기　40
　　　거짓말 1 "성경은 나랑 안 맞아."

4장.　아들에게 줄 수 있는 가장 귀한 선물　50
　　　거짓말 2 "나 정도면 충분해."

5장.　비밀이 없는 가족 만들기　60
　　　거짓말 3 "아무도 내 죄를 알아서는 안 돼."

6장.　잠수복이 없으신 하나님　70
　　　거짓말 4 "하나님은 항상 나에게 화가 나신 것 같아."

7장. 하나님의 창조 계획 받아들이기 80
거짓말 5 "여자애들은 똑똑하고 남자애들은 멍청해!"

8장. 제이슨 데이비스의 멋진 학교 88
거짓말 6 "친구는 필요 없어."

9장. 왜 아들을 뽁뽁이 속에 보호할 수 없을까? 96
거짓말 7 "예수님을 따르는 건 지루한 일이야."

10장. 절제, 내 힘이 아닌 하나님을 의지하기 104
거짓말 8 "나도 나를 어쩔 수 없어!"

11장. 거대한 떡갈나무 심기 112
거짓말 9 "나는 너무 어려서 할 수 없어."

12장. 이제 가서 그대로 하라 120
거짓말 10 "내가 예수님을 따르는 건 비밀이야."

부모가 믿고 있는 열 가지 거짓말 128

들어가는 말

하나님은 저희 부부에게 아들을 허락하지 않으셨습니다. 그것은 그분의 계획입니다. 그 대신 두 딸을 주셨지요. 하지만 아들이 있든 없든, 저는 제 어린 시절을 지금도 또렷이 기억합니다. 저는 여섯 형제 사이에서 자랐고, 또래 아이들보다 성장이 더뎠습니다. 목사의 아들로 살았고, 가족과 함께 선교지에서 시간을 보냈으며, 학교 운동부에서 두각을 나타내지 못했습니다. 그리고 지극히 평범한 소년이라는 생각에 사로잡혀 어린 시절을 보냈습니다. 성적은 나쁘지 않았지만, 특별히 눈여겨보며 저를 뽑아 준 명문 대학은 없었습니다. 소년 시절, 대부분 남자아이가 느끼는 불안감은 저에게도 예외가 아니었죠. 제가 연구한 것은 아니지만, 많은 젊은 남성이 자신을 독수리보다는 참새로 느끼는 경향이 있는 듯합니다. 아마 여러분의 아들도 마찬가지일 것입니다.

아들을 낳고 강인한 청년으로 키우는 과정에는 수많은 굴곡이 있습니다. 그리고 부모라면 누구나 현실적이고 유익한 조언을 마다하지 않을 것입니다. 특히 아들을 키우면서 이러한 도전을 헤쳐 나온 다른 부모의 조언이라면 더욱 그렇겠지요. 여러분이 꼭 필요한 도움을 얻을 수 있는 이 책을 잘 선택하셨습니다. 네 아들의 부모인 제이슨과 에린 데이비스는 여러분의 아들을 멋진 모험의 세계로 안내하고, 그 과정에서 부모인 여러분을 도우며, 인도하고, 격려할 것입니다.

아들을 키우고 있는 부모로서 제이슨과 에린 데이비스의 지혜는 충분히 신뢰할 만합니다. 제가 보장할 수 있습니다. 하지만 이 책에서 여러분이 가장 먼저 깨닫게 될 중요한 진리는 아들을 잘 키우는 것은 혼자서 해낼 수 없다는 것입니다. 살아 계신 하나님의 영이 여러분과 함께하셔서 부모 역할을 잘 감당하도록 필요한 힘과 능력을 주실 것입니다.

가정에서 아이를 잘 인도하기 위해 가장 먼저 기억해야 할 점은, 그 아이를 단순히 먹을 것을 챙겨 주고 돌보아야 하는 대상으로만 보지 않는 것입니다. 사실, 그 아이는 이 세상 어떤 귀한 선물보다 더 귀하고 소중한 선물입니다.

시편 127:3 "자식은 주님께서 주신 선물이요, 태 안에 들어 있는 열매는, 주님이 주신 상급이다."

이 말씀을 믿고 깨닫는다면, 하나님이 여러분의 노력은 물론 약점까지도 사용하셔서, 피할 수 없는 어려움들을 하나님의 영광을 드러내는 기회로 바꾸어 주실 것입니다.

제이슨과 에린은 여러분의 친구입니다. 힘들 때 기대어 울 수 있는 어깨가 되어 주고, 여러분이 찾고 있는 지혜를 전해 줄 든든한 조언자입니다.

여러분은 이 책을 분명 좋아할 것입니다. 여러분의 아들이 이 책의 조언에 고마워하기까지는 시간이 걸릴 수도 있지만, 언젠가는 반드시 그날이 올 것입니다.

로버트 월게머스
아빠이자 베스트셀러 작가

1장 시작하기

"내 자녀들이 진리 안에서 살아가고 있다는
소식을 듣는 것보다 더 기쁜 일이 나에게는 없습니다."
_요한삼서 1장 4절

부모를 위한 가이드북인 이 책은 아들이 읽는 『앗, 내가 이런 거짓말을 믿었다니!』와 동일한 순서로 되어 있어, 아들과 함께 내용을 맞추어 활용할 수 있습니다. 예를 들어, 1장 '시작하기'는 아들의 책에 있는 '길잡이를 소개합니다!'를 읽고, 이를 바탕으로 토론하도록 구성되었습니다.

때때로, 아들의 관심을 끌기 위한 가장 효과적인 방법 중 하나는 실제로 죽을 고비를 넘겼던 경험을 이야기하는 것입니다. 이 주제에 대해 함께 살펴보겠습니다.

그 전에 먼저, 저희를 소개할게요. 저희는 제이슨과 에린 데이비스입니다. 고등학교 시절부터 연인이었고, 결혼하고 난 뒤 고향으로 돌아와 가정을 꾸렸습니다. 저희는 도시 생활의 장점인 멋진 레스토랑, 훌륭한 교육 환경, 드라이브스루 커피 매장, 대형 마트 등을 뒤로하고, 인구가 약 4,000명인 작은 마을로 이사했습니다. 이곳 사람들은 종종 저희에게 "너희를 어릴 때부터 알지"라고 말하곤 합니다. 현재 저희는 제이슨의 할아버지가 50년 전에 지은, 오래된 농가에서 살고 있습니다. 저희는 마당의 닭장에서 달걀을 꺼내 먹고, 직접 도축한 소고기를 먹습니다. 그리고 아이들의 입술과 치아가 보라색으로 물들기 시작하면 블랙베리가 익었다는 신호라는 것도 자연스럽게 알게 되었습니다.

농장 생활이 여러분에게 맞지 않을 수도 있지만, 여러분도 저희처럼 아들에게 깊고 튼튼한 뿌리를 심어 주고 싶을 거라고 믿습니다. 아들 이야기가 나와서 말인데, 저희에게는 아들이 넷 있습니다. 아기를 낳으러 분만실에 갈 때마다 의사는 똑같은 말을 했지요.

"아들입니다!"

"아들입니다!"

"아들입니다!"

"또 아들입니다!"

이제 우리 아들들은 더는 부드러운 담요에 싸여 있거나 까꿍 놀이하는 아기들이 아닙니다. 지금 이 글을 쓰는 순간, 첫째 아들 엘리는 운전을 배우고 있고, 둘째 아들 노블은 최근 생일을 맞아 촛불을 열세 개나 껐습니다. 아홉 살인 유다는 우리 집의 코미디언 역할을 톡톡히 하고 있죠. 막내 아들 에즈라는 아직 네 살밖에 안 된 꼬마이지만, 항상 형들을 따라 하고 싶어 해서 자신이 겨우 네 살이라는 사실을 까맣게 잊은 듯 보입니다.

아이들이 저희가 어릴 때처럼 빨간색 미끄럼틀에서 놀고, 여름마다 사촌들과 함께 가재를 잡는 모습을 볼 수 있다는 것은 정말 감사한 일입니다. 하지만 가족과 가까이 지내며 작은 마을에서 사는 것만으로는 저희가 아들들에게 진정으로 바라는 모든 것을 채울 수 없습니다. 저희는 아들들이 요한복음 7장 38절에서 예수님이 말씀하신 것처럼, 생명의 샘에서 힘을 얻는 깊은 영적 뿌리를 갖기를 간절히 바랍니다.

"나를 믿는 사람은, 성경이 말한 바와 같이, 그의 배에서 생수가 강물처럼 흘러나올 것이다."

저희가 이 책을 쓴 이유는 소년이 성인 남성으로 자라는 과정에서 무엇보다 중요한 것이 신앙의 깊은 뿌리라고 믿기 때문입니다.

하나님의 사랑에 뿌리내리기

사도 바울은 에베소 교회의 영적 자녀들에게 이렇게 말했습니다.

에베소서 3:14-19 "그러므로 나는 아버지께 무릎을 꿇고 빕니다. 아버지께서는 하늘과 땅에 있는 각 족속에게 이름을 붙여 주신 분이십니다. 아버지께서 그분의 영광의 풍성하심을 따라 그분의 성령을 통하여 여러분의 속 사람을 능력으로 강건하게 하여 주시고, 믿음으로 말미암아 그리스도를 여러분의 마음 속에 머물러 계시게 하여 주시기를 빕니다. 여러분이 사랑 속에 뿌리를 박고 터를 잡아서, 모든 성도와 함께 여러분이 그리스도의 사랑의 너비와 길이와 높이와 깊이가 어떠한지를 깨달을 수 있게 되고, 지식을 초월하는 그리스도의 사랑을 알게 되기를 빕니다. 그리하여 하나님의 온갖 충만하심으로 여러분이 충만하여지기를 바랍니다."

이것이야말로 모든 부모의 기도가 아닐까요? 바울은 편지를 받는 그리스도인들이 하나님의 진리에 매여 살기를 바라는 마음으로 무릎을 꿇고 기도했습니다. 결국 바울은 이렇게 말하고 있는 셈입니다. "예수님을 선택하세요! 그분은 이 세상의 거짓말에 휩쓸리지 않도록 당신을 지켜 주실 것입니다. 예수님은 당신을 너무나 사랑하시며, 저도 당신을 사랑합니다!"

우리 아들들은 속임수로 가득한 세상에서 자라고 있습니다. 과거에는 부모님들이 아이들을 위해 차단하거나 보호할 수 있었던 문제들(예를 들어, 성별의 혼란을 조장하는 사회적 흐름, 불안감을 퍼뜨리는 소셜 미디어들의 정보 그리고 하나님의 말씀과 전혀 다르게 왜곡된 남성성과 여성성의 이미지)이 이제는 숨 쉬는 공기처럼 그들의 일상에 깊이 스며들었습니다. 아이들은 머지않아 이런 거짓말을 접하게 될 것입니다. 그때, 진리를 선택할 수 있는 올바른 도구가 꼭 필요합니다. 우리에게는 희망이 있습니다. 우리는 아들들이 이 세상에서 굳건히 설 수 있도록 준비해 주어야 합니다.

성경은 우리가 생명과 경건에 필요한 모든 것을 이미 가지고 있다고 말씀합니다(벧후 1:3). 『앗, 내가 이런 거짓말을 믿었다니!』와 이 책은 가족이 함께 진리를 따라 사는 사람이 되는 연습을 하도록 하나님이 주신 도구입니다. 저희가 아들을 어떻게 양육해야 하는지 모든 답을 안다는 뜻이 절대 아닙니다. 저(에린)는 종종 저 자신을 깨진 항아리로 그리고 깨진 항아리들을 키우고 있는 사람으로 표현합니다. 우리는 모두 죄로 인해 깨어졌고, 하나님의 은혜가 절실히 필요합니다. 그래서 여러분의 아들이 하나님의 진리를 알고 사랑하도록 가르치는 이 여정에 함께할 수 있어 정말 기쁩니다. 얼마나 놀라운 모험이 될지 상상만으로도 가슴이 벅차오릅니다!

이 이야기를 다시 죽을 뻔했던 경험으로 되돌려 봅시다.

어려운 상황에 정면으로 맞서기

큰아들 엘리가 열세 살이 되던 해, 저희 부부는 아빠와 아들만의 자동차 여행을 계획했습니다. 엄마도, 동생들도, 아무 규칙도 없이 오직 아빠와 아들만의 시간을 보내는 것입니다. 우리는 열흘 동안 주유소 간식으로 허기를 달래고, 잊지 못할 추억을 쌓으며 여행을 즐겼습니다. 작은아들 노블이 열세 살이 되었을 때도 이 특별한 여행을 떠났습니다. 나머지 두 아들에게도 똑같은 여행을 선물할 것입니다.

엘리와 저는 커다란 흰색 밴을 타고 서쪽으로 떠났습니다.

엘리는 그때까지 한 번도 산을 본 적이 없었기 때문에 저는 아이가 난생처음으로 로키산맥을 보고 눈이 휘둥그레질 순간을 오랫동안 꿈꾸어 왔습니다. 마침내 제가 바랐던 모든 소망이 이루어졌습니다. 제 아들이 하나님의 놀라운 창조 세계를 보며 하나님의 선하심을 경험하는 모습을 지켜보는 것은 정말 큰 축복이었습니다.

우리는 여행하는 동안 12인승 후륜 구동 밴을 타고 다녔습니다. 그런데 어느 날, 그 차로는 다니기 힘든 비포장도로를 따라 산길을 올라가게 되었습니다. 당시에는 엘리에게 말하지 않았습니다만(산비탈에서 떨어지지 않으려고 정신이 없었거든요!), 솔직히 말해서 우리가 그 길을 무사히 빠져나갈 수 있을지 확신이 없었습니다. 하지만 하나님의 도우심으로 우리는 해냈습니다. 그 후로도 우리는 그 여행 이야기를 하며 많이 웃었습니다. 물론, 그 위험한 길을 무사히 내려오면 맛있는 스테이크와 바삭한 감자튀김을 보상으로 준다고 해도, 다시는 그 일을 겪고 싶지 않습니다. 하지만 그 기억만큼은 무엇과도 바꾸지 않을 것입니다. 아들과 저는 힘든 상황에 부딪히며 함께 중요한 진리를 배웠습니다.

- 나는 어려운 상황에서도 운전을 잘할 수 있다.
- 브레이크는 제대로 작동했다.
- 서두를 필요는 없다.
- 예수님이 우리와 함께하셨다. 그분은 우리를 도와주신다.

여기에는 자녀 양육에 필요한 중요한 교훈이 있습니다. 부모는 자녀의 눈과 귀를 사로잡는 거짓말을 외면하고 싶은 유혹을 받지만, 그렇게 회피하는 태도로는 자녀들이 속임수에 넘어가는 것을 막을 수 없습니다. 우리는 이 문제에 정면으로 대응해야 합니다. 자녀와 함께 굳건히 서서 진리에 깊이 뿌리내리고, 하나님이 우리와 함께하시며 반드시 도와주신다고 확신해야 합니다.

가정, 신앙 형성의 터전

부모 역할에서 한 가지 변하지 않는 사실이 있다면, 늘 준비가 부족하다고 느낀다는 것입니다. 엘리를 낳고 병원에서 퇴원하던 날을 저는 잊을 수 없습니다. 당시 20대였던 저희 부부는 몇 권의 책을 읽고, 몇 번의 부모 수업을 들었지만, 이 작은 생명을 24시간 돌보는 막중한 책임을 감당할 준비가 되었다는 생각은 도무지 들지 않았습니다. 저희는 2.7킬로그램의 작은 아기를 망연자실하게 바라보다가 하나님이 도와주시면 해낼 수 있을 거라는 믿음에 의지했습니다. 이런 순간은 저희가 아이들을 키우는 과정에서 여러 번 반복되었습니다.

- 한 아이는 쇼핑 카트 밖에, 한 아이는 카트 안의 바구니에, 또 한 아이는 아기 띠로 안은 채로 어떻게 장을 보아야 할지 몰랐

을 때, 하나님이 도와주셨고 저희는 방법을 찾았습니다.
- 온 가족이 동시에 독감에 걸려 어떻게 대처해야 할지 몰랐을 때, 하나님이 도와주셨고 저희는 방법을 찾았습니다.
- 사춘기로 인한 급격한 정서 변화를 어떻게 다루어야 할지 몰랐을 때, 하나님이 도와주셨고 저희는 방법을 찾았습니다.
- 아들이 친구의 휴대폰으로 포르노 영상을 보았을 때, 아이가 수치심을 느끼지 않고 그 심각성을 이해하도록 설명하는 방법을 몰랐지만, 하나님이 도우셨고 저희는 방법을 찾았습니다.

아들이 어떤 거짓말을 믿고 있는지 알지 못하고, 진리 위에 굳건히 서도록 어떻게 도울지 몰라 막막할 때도, 하나님이 도와주실 것이고, 결국 방법을 찾을 것입니다. 인생의 이 단계에서 아들을 양육하도록 하나님이 선택하신 사람은 바로 여러분입니다.

그저 좋은 아이로 키운다는 목표보다 더 숭고한 목표를 세우도록 도전하는 특권을 저에게 허락해 주시길 부탁드립니다. (물론, 이 일은 쉽지 않습니다!) 여러분의 자녀는 태어날 때부터 하나님을 알고 있거나, 그분의 말씀을 자연스럽게 받아들이는 상태로 세상에 오지 않았습니다. 이것은 모두 성령의 도우심을 받아, 되도록 어린 시기에 가르쳐야 하는 중요한 진리입니다. 이러한 가르침이 있을 때 가정은 신앙 형성을 위한 단단한 기반이 됩니다.

아들이 거짓말을 분별하고, 저항하며, 거짓을 진리로 바꿀 수 있는 남자로 성장하는 일은 저절로 일어나지 않습니다. 이 기술들은 부모가 가정이라는 인큐베이터에서 목적과 계획을 세우고 살 때 비로소 배울 수 있습니다.

반격하기

다음 장에서는 하나님의 원수인 사탄에 대해 깊이 살펴볼 것입니다. 이 책을 읽는 동안 사탄에 대해 자주 생각하고, 사탄이 어떤 거짓말로 남자아이들을 겨냥하는지에 대해서도 고민할 것입니다. 분노를 느낄 수도 있지만, 그렇다고 무력감을 느껴서는 안 됩니다.

로버트 월게무스는 그의 책 『남자들이 믿고 있는 거짓말』(*Lies Men Believe*)에서 이렇게 말합니다.

> "두려움 때문에 전투에서 물러나지 말고, 우리의 사령관을 믿으세요. 그분이 여러분에게 풍성한 열매를 주길 원하신다면, 깨끗한 마구간이나 고랑이 없는 밭 정도로 만족하지 마세요. 우리는 아이들 덕분에 이 세상을 변화시키고 있습니다. 한 번에 한 아이씩, 기저귀 하나씩을 통해서 말이죠."

진리: 자녀는 주님이 주신 귀한 선물입니다. 하나님은 이 혼란스러운 세상에 복음을 전하

는 데 자녀를 사용하고 싶어 하십니다. 우리가 자녀를 하나님이 주신 선물로 받아들일 때, 우리는 세상을 변화시키시는 하나님의 일에 동참하는 것입니다.[1]

로버트 월게머스는 다윗이 쓴 시편 말씀을 다시 한번 강조합니다.

시편 127:3-5 "자식은 주님께서 주신 선물이요, 태 안에 들어 있는 열매는, 주님이 주신 상급이다. 젊어서 낳은 자식은 용사의 손에 쥐어 있는 화살과도 같으니, 그런 화살이 화살통에 가득한 용사에게는 복이 있다. 그들은 성문에서 원수들과 담판할 때에, 부끄러움을 당하지 아니할 것이다".

하나님은 자녀의 마음을 지키기 위해 싸우고, 진리를 수호하기 위한 전투에서 자녀와 함께 싸우라고 여러분을 부르십니다. 짐 엘리엇 선교사의 유명한 말을 묵상해 보세요.

"시편 기자가 자녀를 어떻게 묘사했는지 기억하는가? 그는 자녀를 여호와께 받은 유산이라고 표현하면서 화살통이 가득 찬

---

[1] Robert Wolgemuth, *Lies Men Believe: And the Truth That Sets Them Free* (Chicago: Moody Publishers, 2018), 178.

사람은 행복하다고 한다. 화살통에 가득한 것은 무엇일까? 바로 화살이다. 그렇다면 화살은 무엇을 위해 존재할까? 적에게 쏘기 위해서다. 그러니 기도의 강한 팔로 활시위를 당겨 자녀라는 화살을 적의 군대로 쏘아 보내라."[2]

이 책을 사용하는 방법

저희는 남자 어린이를 위한 『앗, 내가 이런 거짓말을 믿었다니!』를 소설 형식으로 쓰기로 했습니다. 왜냐하면 우리 아들들이 그래픽 노블(Graphic Novel: 문학적 구성과 특성을 지닌 작가주의 만화—편집자 주)을 좋아하기 때문입니다. 이 책은 레니와 토마스라는 두 아들이 아빠와 함께 떠난 흥미진진한 자동차 여행 이야기를 담고 있습니다. 엘리가 청소년이 된 기념으로 떠났던 탐험과 비슷한 여행을 바탕으로 한 이야기지요. 저희 부부와 아이들의 특성을 많이 반영하기는 했지만, 이 책은 어디까지나 허구입니다.

각 장에는 '잡았다! 이제 네 차례야!'라는 부분이 있습니다. 여기에서는 아들들이 성경 읽기와 활동으로 배운 내용을 보다 깊이 이해하고 적용할 기회를 줍니다. 저희는 아들들이 이 이야기에 푹 빠져서 다음 이야기가 궁금해지기를 바랍니다. 마치 광야에 숨

[2] J. D. Greear, "A Letter from Jim Elliot to His Parents," January 8, 2014, https://jdgreear.com/a-letter-from-jim-elliot-to-his-parents/. 강조 추가.

겨진 보물을 발견하는 것처럼요!

　아들에게 『앗, 내가 이런 거짓말을 믿었다니!』를 사 주고, 부모를 위한 가이드북을 직접 공부하기로 한 여러분은 이미 아들이 거짓에서 벗어나 참된 자유를 누릴 수 있도록 돕는 중요한 첫걸음을 내디딘 것입니다. 저희는 여러분의 시간과 자원이 얼마나 소중한지 잘 알고 있습니다. 그리고 이 투자는 큰 의미가 있을 것이라고 믿습니다. 이제 이 가이드북을 가장 효과적으로 활용하는 방법을 알려 드리겠습니다.

　아들이 『앗, 내가 이런 거짓말을 믿었다니!』를 읽는 동안, 비슷한 속도로 부모 가이드북을 함께 읽기를 권장합니다. 『앗, 내가 이런 거짓말을 믿었다니!』는 소설 형식에 독자와 상호작용을 할 수 있는 요소가 포함되어 있기 때문에 가족 독서 시간에 활용하는 것도 좋은 방법입니다. 이 여정을 함께하는 아들뿐만 아니라 나이 차이가 나는 다른 형제들도 많은 것을 배울 수 있습니다. 아들이 읽어야 할 내용은 각 장의 시작 부분에 명확히 표시되어 있으니 참고해 주세요.

　매일 아들을 위해 기도해 주세요. 기도는 부모의 중요한 사명입니다. 물론 아들에게 양치질하는 법을 가르치고, 수학 숙제를 도와주며, 그들의 마음이 올바른 방향으로 향하게 하고, 훈육하는 일도 해야 합니다. 이 모든 것은 자녀와 함께 살아가는 데 꼭 필요합니다. 이에 비해 기도는 날마다 벌어지는 일들 속에서 덜 중요한 것으로 여겨질 수 있습니다. 그러나 기도는 아들을 위해 할 수 있는 가장 중요한 일입니다. 기도는 변화를 일으킵니다! 부모가 자녀를 위해 드리는 기도를 하나님이 귀 기울여 들으신다고 성경은 말씀합니다. 기도는 한 부모(여러분)가 또 다른 부모(하늘에 계신 아버지)와 대화하는 것입니다. 이 책은 아들을 위한 기도의 예를 다음과 같은 형식으로 제공합니다.

부모가 ──
부모에게

▶ 이사야 61장 3절에서 하나님은 이스라엘 백성을 이렇게 묘사하십니다.
"사람들은 그들을 가리켜, 의의 나무, 주님께서 스스로 영광을 나타내시려고 손수 심으신 나무라고 부른다."

▶ 아들을 위해 기도해 주세요.
- "의로운(거룩한) 삶을 살려고 노력하는 사람이 되도록 도와주세요."
- "하나님이 기뻐하시는 강하고 견고한 하나님의 사람으로 성장하게 해 주세요."
- "세상의 거짓말에 흔들리지 않는 깊은 뿌리를 지닌 사람이 되게 해 주세요."
- "하나님께 영광 돌리는 삶을 살게 해 주세요."

이 책과 함께하는 동안, 매일 아들을 위해 기도하기로 결심하세요. 각 장마다 기도 제목이 주어집니다. 여러분이 배운 내용, 아들와 나눈 이야기 그리고 성령님이 여러분의 마음을 일깨워 주시는 대로 하나님이 아들의 삶에서 어떤 일을 행하시기를 바라는지 하나님께 솔직하게 말씀드리세요.

거짓말과 진리에 대해 자주 이야기하세요!

저희는 이 책을 통해 부모와 아들 사이에 의미 있고 변화를 일으키는 대화의 문이 열리기를 기도했습니다. 하지만 아이가 언제 어떻게 마음을 열고 이야기를 나눌지는 부모가 선택할 수 없다는 것을 경험으로 잘 압니다. 엄마인 저(에린)는 대화에 너무 몰입한 나머지, 아들들을 지치게 했을 때 어떤 신호가 켜지는지를 알아차렸습니다. 혼란과 지루함이 섞인 표정이 그들의 얼굴에 고스란히 드러나죠. 아이들은 무례하게 행동하고 싶지 않지만, 그들이 하루에 받아들일 수 있는 단어의 한계를 넘어선 것입니다. (남자들로 가득한 집에서 유일한 여자인 제가 얼마나 말을 많이 하는지 상상하실 수 있을 거예요!) 또한 학교가 끝나고 아이들이 차에 올라타자마자 그날 하루에 대해 질문 공세를 퍼붓는 것이 좋은 방법이 아니라는 것도 배웠습니다. 아이들은 저마다 다릅니다. 어떤 아이는 끊임없이 이야기하고 싶어 하지만, 어떤 아이는 너무 조용해서 출발하기 전에 차에 탔는지 확인해야 할 정도입니다. 어떤 아이는 아침형 인간이지만, 어떤 아이는 정오가 지나야 비로소 제대로 된 문장을 말하기 시작합니다. 이 모든 상황에서 핵심은 억지로 강요하지 않는 것입니다. 그래서 아들과 대화를 나눌 수 있도록 각 장마다 다음과 같은 형식으로 준비했습니다.

함께 이야기해 보세요 ─────────────────────

하나님의 진리를 따라 사는 것은 평생의 여정입니다. 지금 당장 모든 것에 관해 이야기해야 한다는 부담을 갖지 마세요. 기억하세요.
아들이 진리를 발견하는 여행에서 부모가 해야 할 가장 중요한 역할은 기도하는 것입니다. 성령님이 변화를 일으키는 주도적인 역할을 맡으신다니 얼마나 감사한지요! 이 여행을 하는 동안, 아들과 여러분 자신을 위해 하나님이 일해 주시기를 간구하는 기도문을 적어 보세요. 그리고 거짓을 분별하고 하나님의 진리로 대체하려는 아들의 결단을 자랑스럽게 여긴다는 짧은 메모를 작성해 전해 주세요. 이러한 격려는 아들에게 큰 힘이 될 것입니다.

사랑하는 아들에게.

2장 아들보다 더 큰 진리

이번 장은 아들이 읽고 있는 책의 '모험을 시작합니다!'
부분입니다.

우리 집에서는 모든 부모가 늘 궁금해하는 두 가지 질문을 두고 자주 농담을 합니다.

1. 이게 정말 정상인가?
2. 얼마나 오래 지속될까?

거짓말에 속을 때 1번 질문의 대답은 안타깝지만, "네"입니다. 우리는 모두 하나님의 형상대로 지어졌고, 하나님의 깊은 사랑을 받지만, 죄가 우리 삶에 영향을 미치기 때문에 누구나 진리를 외면하고 거짓을 따르기 쉬운 경향이 있습니다.

'왜' 혹은 '누가'라는 문제를 살펴보기 전에, 먼저 진리가 무엇인지 정의하는 것부터 시작해 보기로 해요. 여러분의 아들도 이 내용을 책에서 배울 것입니다.

거짓말하다(동사)	**진리(명사)**
속이기 위해 거짓된 진술을 하는 것.	어떤 것에 대한 실제 사실. 진실인 것.

정말 간단하지 않나요? 진리는 진실이고, 거짓은 진실이 아닙니다. 하지만 진리와 거짓을 구분하는 것이 항상 쉽지는 않습니다. 그렇다면 무엇이 진실인지 어떻게 알 수 있을까요? 예수님은 요한복음 17장 17절에서 이렇게 말씀하셨습니다.

"아버지의 말씀은 진리입니다."

건축가가 새 프로젝트를 시작할 때 다림줄을 이용해 기준을 세우고, 그 기준에 따라 모든 것을 측정합니다. 이사야 28장 17절에 나오는 선지자의 말을 읽어 보세요.

"내가 공평으로 줄자를 삼고, 공의로 저울을 삼을 것이니, 거짓말로 위기를 모면한 사람은 우박이 휩쓸어 가고, 속임수로 몸을 감춘 사람은 물에 떠내려 갈 것이다."

성경 말씀은 우리의 다림줄입니다. 즉, 모든 사상, 생각, 신념, 진술에 담긴 진리와 거짓을 측정하는 기준인 것이죠. 아들이 성경을 사랑하고 이해하도록 도와주어, 아들의 삶에서 '비뚤어진 것'을 알아차리고 바로잡을 수 있는 능력을 갖추게 하는 중요한 과정입니다.

우리는 거짓말을 당연한 것으로 받아들이고, 진리를 명확히 구분하려는 사람들을 의심하는 문화에서 살고 있습니다. 현대 사회는 진리를 상대적인 것으로 여기며, '나의 진리'와 '너의 진리'라는 개념이 자연스럽게 통용되고 있습니다. 반면, 절대적인 진리라는 개념에는 강하게 저항합니다.

물론, 우리가 새로운 도전에 직면해 있는 것은 사실이지만, 아이들이 왜 그렇게 쉽게 속는지 고민하는 것은 우리 세대가 처음이 아닙니다. 이런 현상의 뿌리는 최초의 부모인 아담과 하와에게로 거슬러 올라갑니다.

창세기 2장 16-17절과 3장 1절을 읽어 보세요. 여러분의 아들도 같은 문제로 고민할 것입니다. 이 세 구절은 거짓말에 대해 많은 것을 알려 줍니다.

사탄은 거짓말쟁이입니다. 창세기는 사탄을 교활하고 간교한 존재로 묘사합니다. 진리를 왜곡해 자신의 목적을 이루려는 교활한 판매원을 떠오르게 하지요. 신약 성경에서 예수님은 이 오래된 적을 이렇게 묘사하셨습니다. "너희는 너희 아비인 악마에게서 났으며, 또 그 아비의 욕망대로 하려고 한다. 그는 처음부터 살인자였다. 또 그는 진리 편에 있지 않다. 그것은 그 속에 진리가 없기 때문이다. 그가 거짓말을 할 때에는 본성에서 그렇게 하는 것이다. 그는 거짓말쟁이이며, 거짓의 아비이기 때문이다"(요 8:44).

사탄은 여러분의 아들을 노리고 있습니다. 뱀이 세상에 들어와 사람들을 속이기 시작한 지 얼마나 오래되었는지는 알 수 없지만, 그의 목표는 분명했습니다. 하나님의 형상대로 지어진 창조의 걸작인 첫 번째 가정을 노린 것입니다(창 1:27). 그 후로도 사탄은 끊임없이 가정을 공격했습니다.

성경은 우리에게 이러한 사탄의 공격을 항상 경계하라고 경고합니다.

베드로전서 5:8 "정신을 차리고, 깨어 있으십시오. 여러분의 원수 악마가, 우는 사자 같이 삼킬 자를 찾아 두루 다닙니다."

잠시 제가 생각하는 바를 나누고자 합니다. 이를 뒷받침해 줄 구체적인 성경 구절이 있는 것은 아니지만, 예수님을 따르며 살아온 수십 년의 경험과 약간의 상식에서 나온 직감일 수 있습니다. 사탄은 약하고 조종하기 쉬운 사람을 표적으로 삼는 것 같습니다. 즉, 사탄은 여러분의 어린 아들을 노리고 있다는 뜻입니다.

이미 아이의 삶에서 그 증거를 보지 않으셨나요? 아들의 어린 마음은 거짓을 알아챌 만큼 성숙하지 않습니다. 또래 친구들의 영향을 쉽게 받으며, 진리와 거짓을 분별하는 능력이 부족합니다. 아들의 육체는 아직 성장하고 있으며, 하나님의 말씀으로 훈련하여 지혜도 더 자라야 합니다.

만약 사탄이 여러분의 아들을 사춘기 전후의 중요한 시기에 잠시라도 탈선시키는 데 성공한다면, 그는 큰 승리를 거둔 것입니다. 물론 하나님은 잘못된 선택에서 우리를 구속하시고 진리로 돌아오게 하실 수 있습니다. 하지만 여러분의 아들이 속임수의 쓰디쓴 열매를 조금도 맛보지 않고 진리 안에서 자라난다면, 그것이 훨씬 더 좋은 일일 것입니다!

사탄은 여러 가지 거짓말로 아들을 공격합니다. 그리스도인 부모로서, 이제는 이런 현실에 놀라지 않는 태도가 도움이 된다는 것을 깨달았습니다. 저희 부부는 방어적으로 반응하기보다는, 능동적이고 적극적으로 대응하기 시작했습니다.

거짓말은 종종 알아채기 어렵습니다. 사탄이 하와에게 한 말이 하나님의 말씀과 얼마나 섬뜩할 정도로 비슷한지 눈치채셨나요?

하나님은 이렇게 말씀하셨습니다.

창세기 2:16-17 "주 하나님이 사람에게 명하셨다. '동산에 있는 모든 나무의 열매는, 네가 먹고 싶은 대로 먹어라. 그러나 선과 악을 알게 하는 나무의 열매만은 먹어서는 안 된다. 그것을 먹는 날에는, 너는 반드시 죽는다.'"

사탄은 이렇게 말했습니다.

창세기 3:1 "하나님이 정말로 너희에게, 동산 안에 있는 모든 나무의 열매를 먹지 말라고 말씀하셨느냐?"

하나님은 아담과 하와에게 한 나무를 제외한 다른 모든 나무의 열매를 먹을 수 있다고 하셨습니다. 하지만 사탄은 어떤 나무의 열매도 먹을 수 없다고 했습니다. 이 차이는 너무 미묘해서 단순한 말실수로 넘길 수도 있지만, 절대 우연이 아니었습니다. 거짓말쟁이 사탄은 하나님의 말씀을 왜곡해 그것이 마치 선하지 않은 것처럼 보이게 했습니다.

사탄은 교활하지만 창의적이지는 않습니다. 그는 여전히 하나님의 자녀에게 거짓말을 하고, 믿음이 연약한 어린 신자를 집중적으로 공격합니다. 또한 진리를 교묘하게 왜곡해 거짓으로 바꾸는 일을 계속합니다. 훌륭한 군인이 그러하듯이, 아들의 마음과 생각을 지키기 위한 영적 전쟁에서 효과적으로 싸우려면 적의 전술을 연구하고 대비해야 합니다.

거짓말이 생활 방식이 되는 과정

본격적으로 시작하기 전에 한 가지 더 짚을 점이 있습니다. 거짓말에 기반한 생각은 종종 행동으로 이어진다는 것입니다.

예수님의 형제인 야고보는 야고보서 1장 14-16절에서 이렇게 말했습니다.

"사람이 시험을 당하는 것은 각각 자기의 욕심에 이끌려서, 꾐에 빠지기 때문입니다. 욕심이 잉태하면 죄를 낳고, 죄가 자라면 죽음을 낳습니다. 나의 사랑하는 형제자매 여러분, 속지 마십시오."

이 과정을 정리하면 다음과 같은 순서로 진행됩니다.

> 우리에게 욕망이 생긴다.
> → 그 욕망을 채우려는 유혹이 찾아온다.
> → 유혹은 매력적으로 보이는 거짓말의 형태를 취한다.
> → 이것이 죄로 이어진다.
> → 죄는 죽음으로 이어진다.

아마도 여러분은 위의 과정을 충분히 이해하고 공감할 만큼 삶의 경험이 있을 것입니다. 죄에 속박되었던 순간들을 돌아보면, 욕망을 채우려고 거짓말을 믿었던 것이 그 시작이었음을 알 것입니다.

모든 욕망이 나쁜 것은 아닙니다. 여러분의 아들도 다음과 같은 욕망이 있을 것입니다.

- 사랑받고 싶다.
- 인정받고 싶다.
- 또래 친구들에게 존중받고 싶다.
- 자신의 능력을 증명하고 싶다.
- 용감해지고 싶다.
- 다른 사람들을 이끌고 싶다.

이러한 욕망이 사탄의 거짓말과 맞물리면, 여러분의 아들은 죄에 속박당할 위험에 처한 것입니다. 하지만 거짓을 분별하고 하나님의 진리로 대체하는 법을 배운다면, 죄에서 벗어나 경건한 삶으로 나아갈 수 있습니다.

위험은 크지만, 보상은 그보다 더 큽니다. 만약 여러분의 아들이 어린 나이에 사탄의 거짓말을 거부하고 하나님의 말씀을 사랑하는 법을 배운다면, 그것은 엄청난 승리입니다!

부모가 ──
부모에게

▶ 야고보서 4장 7-8절은 이렇게 말씀합니다.
"그러므로 하나님께 복종하고, 악마를 물리치십시오. 그리하면 악마는 달아날 것입니다. 하나님께로 가까이 가십시오.
그리하면 하나님께서 가까이 오실 것입니다. 죄인들이여, 손을 깨끗이 하십시오. 두 마음을 품은 사람들이여, 마음을 순결하게 하십시오."

▶ 아들을 위해 기도해 주세요.
- "겸손한 마음으로 거짓과 진리를 분별하는 데 하나님의 도우심이 필요함을 깨닫게 해 주세요."
- "사탄을 단호히 거부하고 저항하도록 도와주세요."
- "하나님께 더 가까이 나아가게 이끌어 주세요."
- "아들이 삶에서 하나님의 임재를 체험할 수 있게 해 주세요."

함께 이야기해 보세요

기도하는 마음으로 이번 장에서 배운 진리를 아들과 이야기할 기회를 찾아보세요. 아래에는 아이와 대화를 시작할 수 있는 열린 질문들이 있습니다. 어색함을 깨려는 우스꽝스러운 질문도 있고, 영적인 문제를 생각하게 하는 질문도 있습니다. 남자아이는 즐거운 분위기에서 더 쉽게 마음을 여는 경향이 있습니다. 그러니 가벼운 질문과 진지한 질문을 적절히 섞어 활용해 보세요.

- 어떤 간식을 제일 좋아하니?
- '두 가지 진실과 한 가지 거짓말 게임'을 해 보자. 내가 먼저 시작할게!
- 사탄에 관해 무엇을 배웠니? 배운 것 중 놀라웠던 것이 있니?
- 어떻게 진리를 분별할 수 있을까?
- 하나님 말씀이 진리라는 사실에 대해 어떻게 생각하니? 그것을 믿는다면 너의 생활이 어떻게 달라질까?

3장 하나님 말씀을 기뻐하는 마음 키우기

이번 장은 아들이 읽고 있는 책의 '거짓말 1' 부분입니다.

거짓말 1: "성경은 나랑 안 맞아."

진리: 성경은 너에게 소중한 보물이야.

우리는 농장에 있는 집을 리모델링하면서 골조만 남기고 모든 것을 철거했습니다. 바닥을 뜯어내고, 오래된 벽지를 제거한 뒤 새로 페인트칠을 했지요. 가족과 친구들이 군대의 소대처럼 몇 주 동안 쉼 없이 일하여 낡은 공간을 허물고, 우리 가족을 위해 수많은 추억을 쌓을 수 있는 집으로 바꾸어 주었습니다.

공사가 한창 진행 중일 때, 저(에린)는 잠시 모든 작업을 멈추어 달라고 요청했습니다. 톱과 망치질 소리가 멈추자, 순식간에 정적이 흘렀습니다. 저는 펜을 나누어 주면서 집 안 곳곳에 붙일 우리 가족을 위한 성경 구절과 축복의 메시지를 적어 달라고 부탁했습니다. 지금은 페인트에 가려 어디에 있는지 알 수 없지만, 집 바닥과 벽 곳곳에는 우리가 사랑하는 하나님의 말씀들이 새겨져 있습니다. 그때 엘리는 막 걸음마를 시작했고, 노블은 기저귀를 차고 있었습니다. 유다와 에즈라는 몇 년 뒤에 태어났죠. 비록 그 아이들이 그 자리에 없었고, 형들도 그 일을 기억하기에는 너무 어렸지만, 우리 집에 하나님 말씀을 새겨 넣기로 한 그 결정은 아이들의 삶에 지속적으로 영향을 미쳤습니다. 이것은 하나님 말씀이라는 든든한 기초 위에 우리 가족을 세우고 싶었던 소망을 보여 주는 상징이었습니다.

성경을 사랑하는 사람으로 키우는 것이 벅차게 느껴질 때가 있습니다. 특히, 세면대에 묻은 치약 찌꺼기를 닦아 내는 법을 가르치는 것조차 쉽지 않을 때 말이죠. 하지만 우리가 생각하는 것만큼 어렵지는 않습니다. 신명기 6장 4-9절에 나오는 양육 모델을 살펴보세요.

> "**4** 이스라엘은 들으십시오. 주님은 우리의 하나님이시요, 주님은 오직 한 분뿐이십니다. **5** 당신들은 마음을 다하고 뜻을 다하고 힘을 다하여, 주 당신들의 하나님을 사랑하십시오. **6** 내가 오늘 당신들에게 명하는 이 말씀을 마음에 새기고, **7** 자녀에게 부지런히 가르치며, 집에 앉아 있을 때나 길을 갈 때나, 누워 있을 때나 일어나 있을 때나, 언제든지 가르치십시오. **8** 또 당신들은 그것을 손에 매어 표로 삼고, 이마에 붙여 기호로 삼으십시오. **9** 집 문설주와 대문에도 써서 붙이십시오."

서두르지 말고, 잠시 멈추어 볼까요? 이 단어들이 거의 3천 년 전 고대 중동 문화에서 나온 것인데도, 오늘날 우리에게 자녀 양육에 필요한 실제적인 지혜를 준다는 것을 생각해 보세요. 놀랍지 않나요? 이 말씀을 분석해 봅시다.

1. 하나님은 오직 한 분뿐입니다. 다른 신은 없습니다(4절).
2. 하나님은 우리의 모든 것으로 하나님을 사랑하라고 부르십니다(5절). 이것이 부모에게 가장 중요한 우선순위입니다.
3. 성경에 나오는 하나님의 명령에 온전히 순종하세요. 반만 순종하지 말고, 백 퍼센트 따르세요.
4. 하나님의 말씀을 자녀에게 몇 번이고 반복해서 가르치세요.
5. 이렇게 해보세요: 일상생활 속에서 성경 이야기를 나누어 보세요. 집이든, 차 안이든, 잠들기 전이든, 아침 식사 시간이든 말씀을 이야기하세요. 하나님의 말씀이라는 천국에서 온 편지로 여러분의 집을 가득 채우세요.

하나님은 성경에서 하박국서를 빠르게 찾거나, 모든 아이가 품행이 단정하게 가정 예배를 드리라고 명령하지 않으셨습니다(정말 다행이죠). 하나님은 우리에게 획일적인 공식을 주신 것이 아니라, 말씀을 알고 가르치며, 말씀을 적용하는 삶으로 부르셨습니다.

아이들이 아동기의 여러 단계를 거치며 성장하고, 저희 부부의 삶이 점점 더 치열하고 바빠지면서, 저희는 이를 실천하는 방법을 여러 번 조정해야 했습니다. 하지만 어떻게 하느냐보다 더 중요한 것은 아들들이 성경을 사랑하도록 끊임없이 노력하는 것입니다. 여러분의 아들은 성경을 소중한 보물로 여기고 있나요?

무엇보다 성경은 부모인 여러분의 소중한 보물인가요?

시편 119편은 성경에서 가장 긴 장입니다. 비록 저자가 명시되지는 않았지만, 한 전승에 따르면 다윗 왕이 어린 아들 솔로몬에게 히브리어 알파벳을 가르치려고 썼다고 합니다. 왜냐하면 이 시편의 22개 연은 히브리어 알파벳 순서로 시작하기 때문입니다. 다윗은 신명기 6장에 나오는 지침에 따라, 일상생활에서 아들에게 하나님의 진리를 가르칠 기회를 늘 찾았습니다. 그리고 24절에서는 아들에게 이렇게 가르쳤습니다.

"주님의 증거가 나에게 기쁨을 주며, 주님의 교훈이 나의 스승이 됩니다."

위 구절에서 '기쁨'이라는 단어에 동그라미를 치세요. 이 단어는 아들이 하나님의 말씀을 소중히 여기도록 도와줄 나침반이 될 것입니다. 성경을 읽는 것은 의무가 아닙니다. 왜냐하면 그리스도인의 삶에는 의미 없는 일이 하나도 없기 때문입니다. 아들이 하나님의 말씀을 소중히 여기려면 먼저 하나님의 말씀을 기뻐해야 합니다. 여러분은 아들이 성경 읽는 것을 흥미로워하고, 삶에 꼭 필요하며, 보람 있는 일로 받아들일 수 있는 방법을 찾아 그 과정을 도와주세요.

성경 문해력 감소와 한 줄기 희망

많은 사람이 위기라고 부를 만큼 성인들의 성경 이해도가 급격하게 떨어지고 있다는 것은 더는 비밀이 아닙니다.[3] 그리스도인이 성경을 읽지 않는 것이 영적으로 심각한 문제라는 데 대부분 동의할 것입니다. 하지만 우리 아들들, 그들의 친구들 그리고 여러분의 아들과 그 친구들을 생각하면 아직은 희망이 있습니다.

미국의 유명한 여론 조사 기관인 바나 리서치에 따르면, 미국의 십대와 성경에 대해 다음과 같은 조사 결과가 나왔습니다.

- 59퍼센트는 집에 성경책이 있다.
- 20퍼센트는 적어도 매주 성경을 읽는다.
- 예수님을 따르겠다고 개인적으로 결심한 십대 중 23퍼센트는 매일 성경을 읽는다.
- 22퍼센트는 성경을 이해하지 못한다.[4]

---

[3] Jeffery Fulks, Randy Petersen, and John Farquhar Plake, "State of the Bible USA 2022," American Bible Society, January 2023, https://1s712.americanbible.org/state-of-the-bible/stateofthebible/State_of_the_bible-2022.pdf.

[4] Diana Chandler, "Teens Hold High View of Bible but Don't Read It Often, Barna Finds," Baptist Press, October 12, 2022, https://www.baptistpress.com/resource-library/news/teens-hold-high-view-of-bible-but-dont-read-it-often-barna-finds.

여러분의 아들이 아직 사춘기가 아닐 수도 있지만, 『앗, 내가 이런 거짓말을 믿었다니!』에서 알 수 있는 것처럼, 초등학교 아이들은 자신의 정체성을 확립해 가는 중입니다. 지금 형성된 성경을 읽는 태도와 습관은 십대 시절은 물론이고, 그 후에도(좋든 나쁘든) 열매를 맺을 것입니다. 규칙적으로 성경을 읽는 십대의 23퍼센트는 이미 하나님의 말씀을 기뻐하는 법을 배웠을 것입니다.

아들이 성경 말씀을 기쁘게 받아들이도록 돕기 위해, 먼저 여러분 자신이 성경을 어떻게 대하고 있는지 돌아보세요. 성경 읽기는 매일의 습관인가요, 아니면 가끔 읽나요? 아이들이 여러분이 성경 읽는 모습을 본 적이 있나요? 아침 식탁에서 온 가족이 잠언 한 장을 읽거나, 아이가 잠들기 전에 성경을 읽는 습관을 키워 주는 것처럼, '집에서든, 길에서든, 잠들기 전이든, 아침에 일어나서든' 자연스럽게 성경을 이야기하는 분위기를 만들면 어떨까요?

부모가 ──
부모에게

▶ 우리는 시편 119편을 통해 깨끗한 생각과 행동으로 사는 길은 하나님의 말씀을 사랑하고 실천하는 것임을 가르칠 수 있습니다. 시편 119편 9-16절을 읽으며, 밑줄 친 곳에 아들의 이름을 넣어 기도해 주세요.

"_____(이)가 어떻게 해야 그 인생을 깨끗하게 살 수 있겠습니까? 주님의 말씀을 지키는 길, 그 길뿐입니다. 내가 온 마음을 다하여 주님을 찾습니다. 주님의 계명에서 벗어나지 않게 하여 주십시오. 내가 주님께 범죄하지 않으려고, 주님의 말씀을 내 마음 속에 깊이 간직합니다. 찬송을 받으실 주님, 주님의 율례를 _____에게 가르쳐 주십시오. 주님의 입으로 말씀하신 그 모든 규례들을, 내 입술이 큰소리로 반복하겠습니다. 주님의 교훈을 따르는 이 기쁨은, 큰 재산을 가지는 것보다 더 큽니다. 나는 주님의 법을 묵상하며, 주님의 길을 따라 가겠습니다. 주님의 율례를 기뻐하며, 주님의 말씀을 잊지 않겠습니다."

함께 이야기해 보세요

기도하는 마음으로 이번 장에서 배운 진리를 아들과 이야기할 기회를 찾아보세요.

- 텐트를 정리한 적이 있다면, 그때의 이야기를 들려줄래?
- 네게 가장 소중한 보물은 무엇이니?
- 만약 네가 광산에서 '보물'이 성경이라는 것을 알았다면, 어떤 기분이 들 것 같아?
- 성경이 이해하기 어렵거나 지루하게 느껴질 때가 있니?
- "감정이 항상 사실은 아니다"라는 말이 무슨 뜻이라고 생각하니? 이 말을 성경을 읽을 때 어떻게 적용할 수 있을까?
- 혹시 '30일 성경 읽기' 챌린지를 시작했니? 시작했다면 그 이유를 알려 줄래? (시작하지 않았다면 왜 그런지도 말해 줄래?) 네 결심을 지킬 수 있도록 내가 어떻게 도와줄까?

4장 아들에게 줄 수 있는 가장 귀한 선물

이번 장은 아들이 읽고 있는 책의 '거짓말 2' 부분입니다.

거짓말 2: "나 정도면 충분해."

진리: 너에게는 예수님이 필요해.

최근, 저희 부부가 사랑하는 젊은 부부가 첫아이를 임신했다는 기쁜 소식을 전해 주려고 우리 집을 방문했습니다. 초보 부모가 된 그들은 양육과 관련한 질문을 쏟아 냈습니다.

"베이비 샤워 선물 리스트에는 무엇을 적어야 할까요?"
"아들들의 이름은 어떻게 정하셨나요?"
"아파트에서도 아기를 잘 키울 수 있을까요? 아니면 단독 주택을 알아봐야 할까요?"

처음으로 부모가 되었던 추억이 떠오르며 저희 부부의 얼굴에 미소가 번졌습니다. 그리고 집안일이 아무리 많아도 하나씩 처리해야 하는 것처럼, 양육도 한 번에 한 단계씩 배우는 것이라고 안심시켰습니다.

새내기 아빠의 눈에 갑자기 눈물이 맺혔습니다. 그는 우리에게 조심스레 물었습니다. "아이들에게 예수님에 관해 이야기하는 건 어떠셨나요?"

"정말 놀라운 일이었죠." 저희는 확신에 차서 대답했습니다.

"정말 기대되네요." 이렇게 말하는 초보 아빠의 얼굴에는 간절한 마음이 엿보였습니다.

아이들을 매주 교회에 데려가고, 여름성경학교에 등록시키며, 매일 밤 이야기 성경을 읽어 주는 것이 부모인 우리의 전투 목표가 아닐까요? 그리스도인 부모라면 누구나 요한삼서 1장 4절 말씀에 깊이 공감할 것입니다. "내 자녀들이 진리 안에서 살아가고 있다는 소식을 듣는 것보다 더 기쁜 일이 나에게는 없습니다."

저희는 아이들이 예수님을 구주로 영접하기를 오랫동안 기도했습니다. 하지만 그 중요한 순간을 저희가 망칠까 봐 두려운 마음이 들기도 합니다. 여러분도 아들에게 복음을 전할 준비를 하면서 불안해하고 있을지도 모릅니다. 격려의 말을 드리자면, 여러분은 '실수할 수도 있습니다.' 이 말이 어떻게 격려가 될 수 있을까요? 좋은 소식은, 복음을 전하는 완벽한 단어나 정확한 순서가 필요하지 않다는 것입니다. 특정한 기도를 따라 해야 한다는 강박도 버리세요. 가장 좋은 소식은, 여러분의 아들이 예수님이 필요하다는 것을 깨닫게 해 주시는 분은 성령님이라는 것입니다. 마음의 진정한 변화를 일으키는 것은 우리 책임이 아닙니다.

'복음'이라는 용어는 그리스도인 사이에서도 때로 논란이 되곤 합니다. 복음으로 여러분의 삶이 변화되었더라도, 막상 복음이 무엇인지 분명히 설명하기 어려울 수도 있습니다. 그것은 복음이 하나님의 초자연적인 역사이기 때문이고, 또 한편으로는 우리가 복음을 너무 복잡하게 생각하는 경향이 있기 때문입니다. 그래서 복음에 대한 기본 내용을 아래와 같이 정리해 보았습니다.

복음의 내용:

1. 모든 사람은 하나님이 사랑으로 설정하신 경계(시 19:7-9)를 벗어나 반항하기 쉬운 죄인입니다(사 53:6, 롬 3:23).

2. 하나님은 거룩하시기 때문에 우리의 죄는 하나님과 우리를 갈라놓습니다(사 59:1-2).

3. 죄에 대한 정당한 대가는 죽음입니다(롬 6:23). 우리는 이 형벌에서 벗어나야 하며, 이를 '구원'이라고 합니다.

4. 예수님은 우리의 형벌을 대신 받으시려고 십자가에 달려 돌아가셨습니다. 그분의 죽음으로 우리는 사형을 면했습니다(고후 5:21).

5. 우리의 절실한 필요를 위해 그리고 그리스도의 위대한 희생에 대한 응답으로, 우리는 우리의 삶을 하나님의 권위에 복종하고(갈 2:20), 죄를 회개하며(행 3:19), 하나님께 영광을 돌리는 삶을 살고자 노력합니다(마 6:33).

또는 존 뉴턴의 아름다운 표현처럼, "나는 큰 죄인이지만, 그리스도는 위대한 구세주이십니다." (참고로, 존 뉴턴은 유명한 찬송가 "나 같은 죄인 살리신"의 작곡가입니다.)

거친 마음을 예수님께 맡기기

엘리가 아홉 살이던 어느 날, 차의 뒷좌석에서 저(에린)에게 자신의 죄와 예수님의 용서에 대해 질문을 쏟아 내기 시작했습니다. 차를 공원에 주차하던 순간, 저는 엘리에게 구주가 필요하다는 사실을 이해하고, 예수님을 자기 삶의 왕으로 모실 준비가 되었다는 것을 알았습니다. 그 후, 남편은 부활절 아침에 엘리에게 세례를 주었습니다. 그것은 우리 가족에게 매우 중요한 순간이었습니다.

2년 후, 노블도 같은 결정을 내렸습니다. 남편은 강가에서 노블에게 세례를 주었고, 가족과 친구들은 자갈밭에서 이를 지켜보았습니다. 그 순간도 우리 가족에게 중요한 전환점이 되었습니다.

우리 둘째는 자신의 이름에 걸맞게 살아왔습니다. 노블은 정말 고귀하면서도 매우 섬세한 아이입니다. 다른 아이들은 소란스럽고 삶의 경계선을 넘나드는 경향이 있지만, 노블은 마치 "제 보트를 흔들지 마세요"라는 좌우명으로 사는 것 같습니다. 저희 부부는 종종 노블을 '회개하는 사람'이라고 부릅니다. 노블은 흐느끼며 자기 잘못을 고백하러 우리에게 오곤 했습니다.

"왜 그래?"라고 물으면,

"나…엉엉…형을…엉엉…때릴까…엉엉…생각했어…"라고 울먹이며 대답했습니다.

솔직히, 그 상황에서는 웃음을 참기가 어려웠습니다. 노블에게는 형도 있고 동생도 많아서일까요? 아니면 남자아이들의 활기로 가득한 집안 분위기 때문에 노블이 용감해져서일까요? 우리는 노블에게 실제로 죄를 짓기 전에는 굳이 말하러 올 필요는 없다고 알려 주었습니다. 노블은 이제 십대로 접어들었지만, 여전히 예민한 양심을 지니고 있습니다. 그 귀한 양심을 절대로 잃지 않기를 간절히 기도합니다.

이런 성향의 단점은 다른 사람들과 비교해 자신을 '좋은' 사람으로 여기기 쉽다는 것입니다. 노블은 학교 성적도 좋고, 학교에서도 집에서도 거의 말썽을 피우지 않는 '모범생'입니다. 노블이 복음의 내용 중 가장 어려워한 것은 자신에게도 구주가 필요하다는 것이었습니다. 하나님의 기준에서는 아무리 착한 아이도 그분이 의롭다고 하실 만큼 충분히 선하지 않습니다. 부모로서 우리는 노블이 "의인은 없다. 한 사람도 없다"(롬 3:10)라는 성경 말씀을 이해하고 받아들이도록 도왔습니다.

바닷가에서 새우 요리로 저녁을 먹던 중 유다가 그리스도를 믿기로 결심했습니다. 왜 그랬을까요? 아무도 모릅니다! 하지만 유다는 자신이 준비되었다고 생각한 것 같습니다. 우리는 유다와 다시 한번 복음에 관해 이야기했고, 유다가 구세주가 필요하다는 사실을 받아들일 준비가 되었다고 확신했습니다. 식사를 마친 다음, 우리는 바다로 나갔고, 남편은 갈매기 합창단이 노래하는 동안 반짝이는 바닷물 속에서 유다에게 세례를 주었습니다.

저희 부부가 이 책을 쓰는 지금, 에즈라는 여전히 아주 어린아이입니다. 에즈라는 교회에 가는 것을 좋아하고, 매일 밤 성경 동화를 들으며 예수님이 자신을 사랑하신다는 것을 배우고 있습니다.

아들을 복음으로 인도하는 일상의 작은 습관들은 영원한 가치를 지닌 씨앗과 같습니다. 그리스도의 크신 사랑의 진리를 꾸준히 심고 가꾸다 보면, 믿음의 묘목이 서서히 자라기 시작할 것입니다.

이번 주, 여러분과 아들이 복음 안에서 함께 살아갈 때 하나님께 새로운 감사의 기도를 드려 보세요. 하나님은 자녀의 삶에서 구원의 역사를 이루고 계시며, 부모인 여러분을 그 여정에 동참하도록 초대하셨습니다.

부모가 ──
부모에게

▶ 흔히 '로마서의 길'이라고 불리는 로마서의 구절들은 하나님의 구원 계획을 간결하고 명확하게 설명해 줍니다. 아들과 함께 아래 구절에 관해 이야기하거나, 아래 구절을 바탕으로 아들을 위해 기도해 주세요.

로마서 3:23 "모든 사람이 죄를 범하였습니다. 그래서 사람은 하나님의 영광에 못 미치는 처지에 놓여 있습니다."

로마서 6:23 "죄의 삯은 죽음이요, 하나님의 선물은 우리 주 예수 그리스도 안에서 누리는 영원한 생명입니다."

로마서 10:9 "당신이 만일 예수는 주님이라고 입으로 고백하고, 하나님께서 그를 죽은 사람들 가운데서 살리신 것을 마음으로 믿으면 구원을 얻을 것입니다."

로마서 5:1 "그러므로 우리는 믿음으로 의롭다 하심을 받았으므로, 우리 주 예수 그리스도로 말미암아 하나님과 더불어 평화를 누리고 있습니다."

함께 이야기해 보세요

기도하는 마음으로 이번 장에서 배운 진리를 아들과 이야기할 기회를
찾아보세요.

- 하루 동안 카우보이가 된다면 어떨 것 같니? 재미있을까? 책에서
  어느 부분이 가장 흥미로웠니?
- 규칙이나 법을 어긴 적이 있니? 왜 그랬다고 생각하니?
- '선하게 사는 것'과 '하나님 앞에서 올바른 것'의 차이는 뭐라고
  생각하니?
- 복음이 무엇인지 설명해 줄 수 있니?
- 예수님께 너의 죄를 고백하고, 너의 삶을 책임져 달라고 기도드린 적이
  있니? 있다면 왜 그랬니? 없다면 왜 그렇게 하지 않았니?
- 하나님이 용서하시지 않을까 봐 걱정되는 일이 있니?

5장 비밀이 없는 가족 만들기

이번 장은 아들이 읽고 있는 책의 '거짓말 3' 부분입니다.

거짓말 3: "아무도 내 죄를 알아서는 안 돼."

진리: 솔직하게 죄를 고백하면 마음이 편해.

저(에린)는 정말 큰일 날 뻔했습니다. 고등학교 3학년 마지막 날이었어요. 운전면허를 막 취득하고 누리게 된 자유에 들떠 대담한 행동을 하고 말았습니다. 저는 친구 앤지에게 자동차 경주를 제안했고, 제가 이겼습니다. 하지만 그것은 앤지가 시속 100킬로미터 구간에서 120킬로미터로 달리다가 경찰에 잡혔기 때문입니다. 난폭 운전을 한 사실을 부모님이 아시면 어떻게 될지 뻔히 알았기에, 은폐 작전을 꾸몄습니다. 그리고 그 작전은 잠시 효과가 있었습니다.

안타깝게도 제 여동생이 앤지의 차에 타고 있었습니다. 앤지는 자신이 위험에 빠뜨렸던 모든 소녀의 부모님을 만나야 하는 벌을 받았습니다. 앤지와 앤지의 엄마가 우리 집을 찾아왔고, 앤지는 떨리는 목소리로 말했습니다. "에린과 동생을 위험에 빠뜨려 정말 죄송합니다. 다시는 이런 일이 없게 하겠습니다." 엄마는 앤지를 보며 미소를 지으셨습니다. 그리고 저를 바라보시며 또 한 번 미소를 지으셨죠. 마치 "앤지와 엄마가 가고 나면 이 일에 관해 이야기해야겠지?"라고 말씀하시는 것처럼요. 그 후 저는 한동안 운전대를 잡을 수 없었습니다.

어린 시절을 떠올려 보면, 해서는 안 될 일을 하고 들킬까 봐 두려웠던 순간들이 기억날 거예요. 다른 사람의 물건을 몰래 가져갔거나, 엄마가 아끼시던 그릇을 실수로 깨뜨렸거나, 가지 말아야 할 곳에 갔던 경험일 수도 있겠죠. 비밀을 들키지 않으려고 애쓰는 동안 손에 땀이 나고, 입이 마르며, 심장이 두근거리는 긴장감을 느꼈을 것입니다.

자신의 흔적을 감추려는 행동은 모든 아이의 본능입니다. 이 본능은 거짓말의 기원까지 거슬러 올라갈 수 있습니다. 성경에서 창세기 3장 6-12절을 읽어 보세요.

첫 번째 거짓말 → 이어지는 첫 번째 죄 → 그리고 첫 번째 은폐. 생각해 보면 참 아이러니합니다. 아담과 하와는 죄를 지으며 하나님의 완벽한 창조 세계에 핵폭탄을 떨어뜨렸고, 그 후유증은 오늘날에도 여전히 큰 혼란을 일으키고 있습니다. 그 여파는 지금까지도 계속되고 있죠. 그런데 그들은 무화과잎으로 몸을 가리고, 하나님을 피해 숨을 수 있다고 생각했습니다.

비밀은 마치 위험한 박테리아가 번식할 수 있는 환경과 같습니다. 비밀은 수치심을 낳고, 수치심은 더 많은 비밀을 만들어내며, 결국 기만으로 이어집니다.

적의 거짓말에 저항하고 진리를 따라 사는 가족이 되려면 '비밀은 없다'는 원칙을 적극적으로 실천해야 합니다.

침대 밑에 간식을 숨기면

몇 달 전, 저(에린)는 아들들이 학교에 간 틈을 타 집 안을 대청소하기로 마음먹었습니다. 제가 말하는 '대청소'란, 진짜로 구석구석 모든 곳을 닦고 깨끗이 정리한다는 뜻입니다. 이번에는 침대 밑에 숨겨진 것까지 다 꺼내 보기로 했습니다.

그 결과, 짝이 맞지 않는 양말들(나머지 짝은 대체 어디로 간 걸까요?), 레고 블록, 탈주한 장난감 군인들 그리고 온 집 안을 다 뒤졌지만 못 찾았던 도서관 책들과 함께, 비밀 상자를 발견했습니다.

그 안에는 다음과 같은 것이 있었습니다.

1. 반쯤 먹다 만 초콜릿 크림 병
2. 빈 초콜릿 칩 봉지들
3. 말라비틀어진 마시멜로 몇 개
4. 물컵을 가득 채울 만큼 많은 사탕 포장지
5. 그리고 치즈 스틱 포장지 몇 개

아이 하나가 침대 밑에 숨겨 둔 상자에 과자, 특히 설탕이 잔뜩 묻은 간식을 두고 몰래 먹은 것 같았습니다.

그 아이가 학교에서 돌아오자, 저는 상자를 증거물로 제시

하며 꾸짖었습니다.

"그게 무슨 큰일이에요?" 아이가 항의하듯 말했습니다. "그냥 간식이에요!"

저는 음식이 문제가 아니라고 차분히 설명했습니다. 우리 가족은 아이들의 건강을 위해 균형 잡힌 식사를 중요하게 여기지만, 설탕이 든 간식도 허용하고 있습니다. 만약 아들이 잠자리에 들 때 배가 고팠다면, 저희는 기꺼이 간식을 준비해 주었을 것입니다. 문제는 몰래 먹은 것입니다.

"네가 지금 간식을 몰래 먹는다면, 나중에는 더 위험한 일을 몰래 하게 될 수도 있어." 저는 이렇게 설명했습니다. 하나님의 말씀은 분명합니다. 예수님의 제자로서 우리는 더는 무화과 잎사귀 뒤에 숨어 지내지 못합니다. 그 이유는 다음의 세 가지 때문입니다.

1) 하나님께 숨길 수 있는 것은 없습니다.

하나님은 아담과 하와가 나무 사이에 숨었다는 것을 이미 알고 계셨습니다. 하나님은 모든 것을 창조하셨고, 모든 것을 보고 계십니다. 그분 앞에서 아담과 하와를 감출 만큼 큰 잎사귀나 나뭇가지는 없습니다.

마태복음 6:6 [예수님은 기도에 대해 가르치시며 이렇게 말씀하셨습니다.] "너는 기도할 때에, 골방에 들어가 문을 닫고서, 숨어서 계시는 네 아버지께 기도하여라. 그리하면 숨어서 보시는 너의 아버지께서 너에게 갚아 주실 것이다."

시편기자는 이렇게 고백합니다.

시편 139:15 "은밀한 곳에서 나를 지으셨고, 땅 속 깊은 곳 같은 저 모태에서 나를 조립하셨으니 내 뼈 하나하나도, 주님 앞에서는 숨길 수 없습니다."

잠언은 이렇게 선포합니다.

잠언 15:11 "'죽음'과 '파멸'도 주님 앞에서 드러나거늘, 사람의 마음이야 더욱 그러하지 않겠는가!"

하나님은 모든 것을 보시고 다 아십니다. 이 사실은 우리 마음에 건강한 두려움을 심어 줄 뿐 아니라, 죄를 숨길 수 있다는 헛된 환상을 깨트려 줍니다. 우리는 자녀에게 모범을 보일 수 있습니다. 우리의 죄를 솔직히 고백하고(자세한 내용은 뒤에서 살펴볼 것입니다), 자녀가 죄를 고백할 때 그리스도처럼 반응하며, 어두운 비밀을 숨기고 감추는 것에 대해 분명히 반대하는 태도를 보여 주는 것입니다.

2) 하나님의 백성은 빛 가운데서 살도록 부름받았습니다.

요한일서 1:5-7 "우리가 그리스도에게서 들어서 여러분에게 전하는 소식은 이것이니, 곧 하나님은 빛이시요, 하나님 안에는 어둠이 전혀 없다는 것입니다. 우리가 하나님과 사귀고 있다고 말하면서, 그대로 어둠 속에서 살아가면, 우리는 거짓말을 하는 것이요, 진리를 행하지 않는 것입니다. 그러나 하나님께서 빛 가운데 계신 것과 같이, 우리가 빛 가운데 살아가면, 우리는 서로 사귐을 가지게 되고, 하나님의 아들 예수의 피가 우리를 모든 죄에서 깨끗하게 해주십니다."

성경에서 빛은 죄 없는 상태, 즉 거룩함을 상징하는 표현으로 사용됩니다. 햇빛이 최고의 소독제인 것처럼, 우리 삶을 숨김 없이 드러낼 때 죄가 밝혀지고, 우리는 그 죄에서 돌이킬 수 있습니다.

하나님은 단순히 빛 가운데 계신 분이 아니라, 빛 자체이십니다. 시편 104편 2절은 하나님이 빛을 옷처럼 입으신다고 말씀합니다. 디모데전서 6장 16절은 "오직 그분만이 죽지 않으시고, 사람이 가까이 할 수 없는 빛 속에 계시고, 사람으로서는 본 일도 없고, 또 볼 수도 없는 분이십니다"라고 말합니다. 에베소서 5장 13절은 모든 죄가 결국 그리스도의 빛을 받고 드러날 것이라고 경고합니다.

부모인 우리가 죄, 욕망, 습관, 마음의 상처를 숨기지 않기로 선택한다면, 자녀에게 하나님이 어떤 분인지를 보여 주는 훌륭한 본보기가 될 것입니다.

3) 성경은 우리를 고백과 용서의 자리로 초대합니다.

부모가 되는 것만큼 자신의 죄된 본성이 적나라하게 드러나는 일은 없습니다. "아이를 낳기 전에는 화를 내 본 적이 없는데", "엄마가 되기 전에는 짜증을 잘 내지 않았는데" 또는 "잠만 충분히 잤다면 이렇게 감정을 주체하지 못하지는 않았을 텐데"와 같은 생각이 드는 것은 당연합니다. 하지만 진실은 우리가 태어날 때부터 죄인이라는 것입니다. 부모가 된다는 것은 하나님이 우리 마음속의 죄성을 드러내시려고 사용하시는 환경일 뿐입니다. 이런 상황이 때로 낙담스러울 수 있지만, 하나님은 우리가 부모로서 죄책감에 시달리지 않고 살아갈 수 있는 길을 열어 주셨습니다. "그러므로 여러분은 서로 죄를 고백하고, 서로를 위하여 기도하십시오. 그러면 여러분은 낫게 될 것입니다. 의인이 간절히 비는 기도는 큰 효력을 냅니다"(약 5:16).

 이것은 한 번으로 끝나는 명령이 아니라 삶의 방식입니다. 부모로서 정기적으로 자신의 실수를 인정하고, 그것을 죄로 고백하며, 자녀가 잘못을 저질렀다면 잘못한 사람에게 용서를 구하고, 자녀와 함께 기도함으로써 책임을 질 수 있습니다.

 또한 은혜가 넘치는 가정 분위기를 만들 수 있습니다. 그렇다고 해서, 자녀가 죄의 결과를 회피하게 한다는 뜻은 아닙니다. 징계는 은혜와 분리될 수 없기 때문입니다(히 12:6). 하지만 고백의 순간은 자녀에게 하나님의 사랑은 절대 변하지 않으며, 부모의 사랑도 변하지 않는다는 사실을 일깨워 줄 기회가 됩니다. 더 나아가, 그러한 고백을 할 때 진정한 자유를 누리게 된다는 중요한 진리를 가르칠 수 있습니다.

부모가
부모에게

▶ 에베소서 5장 8절은 이렇게 말씀합니다.
"여러분이 전에는 어둠이었으나, 지금은 주님 안에서 빛입니다. 빛의 자녀답게 사십시오."

▶ 아들을 위해 기도해 주세요.
- "성령님이 아들을 도우셔서 어둠에 저항하고 빛의 자녀로 살게 해 주세요."
- "하나님이 아들의 삶에서 죄가 빨리 드러나게 하셔서, 그것이 습관으로 자리 잡기 전에 돌이키도록 도와주세요."
- "고백하고 회개하는 것이 가정의 문화가 될 수 있도록 도와주세요."

함께 이야기해 보세요

기도하는 마음으로 이번 장에서 배운 진리를 아들과 이야기할 기회를 찾아보세요.

- 만약 새총 쏘기 대회가 열린다면 누가 우승할 것 같니?
- 죄란 무엇일까? 왜 죄가 큰 문제일까?
- 엄마나 아빠에게 알려야 할 일이 있는지 어떻게 알 수 있을까?
- 네가 죄를 고백하는 것이 어렵지 않도록 어떻게 도와주면 좋을까?
  (참고로, 친구 부부는 자녀들에게 '바로' 진실을 말하면 벌주지 않겠다고 약속했습니다. 물론 무언가를 망가뜨렸을 때는 수리하거나 교체해야 하지만, 벌받는 일은 없었지요. 덕분에 아이들이 실수를 바로 인정하는 경우가 많았다고 합니다.)
- 성경은 왜 우리에게 서로 죄를 고백하라고 말할까? 예수님께 말씀드리는 것으로 충분하지 않을까?

6장   잠수복이 없으신 하나님

이번 장은 아들이 읽고 있는 책의 '거짓말 4' 부분입니다.

거짓말 4: "하나님은 항상 나에게 화가 나신 것 같아."

진리: 하나님은 용서하셔.

낸시 드모스 월게머스와 다나 그레쉬가 『1020 여성들이 믿고 있는 거짓말』(Lies Young Women Believe, 새움북스 역간)이라는 책을 준비할 때, 저(에린)는 전국적인 표적 집단 연구에 참여했습니다. 특별한 경험이었죠. 가정환경, 교육 수준, 집안 배경이 저마다 다른 소녀들이 모인 그룹에서, 많은 아이가 아버지와 겪었던 일 때문에 하나님을 믿기 어렵다는 이야기를 반복해서 했습니다. 그중 "하나님은 우리 아빠랑 똑같아요"라는 말이 특히 기억에 남았고, 결국 그 책에서 다루는 네 번째 거짓말로 선정했습니다. 낸시와 다나는 이에 관해 이렇게 적었습니다.

> "아버지나 신뢰했던 다른 남성에게 상처받은 경험이 있다면, 하나님을 신뢰하기가 어려울 수 있습니다. 하나님을 두려워하거나 그분께 분노를 느낄 수도 있고, 하나님을 아버지로 생각하는 것조차 거부감이 들 수도 있습니다. 그런데도 예수님은 하나님을 아버지라고 자유롭게 부르셨고, 제자들에게도 하나님을 아버지라고 부르도록 가르치셨습니다. 바울은 하나님을 친근하게 '아빠'(롬 8:15)라고 부르도록 우리를 초대합니다. 하나

님은 아버지이시지만, 우리가 아는 어떤 사람과도 다른 분입니다."[5]

이 내용이 여러분의 아들에게 해당할 수도 있고, 그렇지 않을 수도 있습니다. 저는 여러분의 아들이 하나님이 설계하신 온전한 아버지의 모습을 경험했기를 바랍니다. 즉, 사랑과 안정, 평안의 원천인 아버지를 말입니다. 만약 그렇다면, 지금, 이 축복을 주신 하나님께 감사하는 시간을 가지세요. 결혼 생활의 약 50퍼센트가 이혼으로 끝나는 현실에서,[6] 여러분의 아들이 엄마와 아빠가 매일 밤 곁에 있는 복된 환경에 있다면, 그것은 정말 큰 은혜입니다.

하지만 이 글을 읽으며, 여러분의 아들이 하나님을 바라보는 시선이 아빠나 엄마를 바라보는 시선으로 형성된다는 사실이 마음을 불편하게 할 수도 있습니다.

어쩌면 여러분은 이런 상황에 있을지도 모릅니다.

- 싱글 맘 또는 싱글 대디로서 엄마와 아빠의 역할을 모두 감당하려 애쓰지만, 다른 배우자가 내린 선택으로 아이가 받은 상

---

[5] Nancy DeMoss Wolgemuth and Dannah Gresh, *Lies Young Women Believe: And the Truth That Sets Them Free* (Chicago: Moody Publishers, 2018), 65.
[6] "48 Divorce Statistics in the US Including Divorce Rate, Race, & Marriage Length," 2023년 4월 12일 업데이트, https://divorce.com/blog/divorce-statistics/.

처를 치유하지 못해 무력감을 느끼고 있다.
- 가정을 망친 사람이 자신이라고 느낀다. 너무 자주 소리치고, 너무 적게 사랑했던 과거를 후회하며, 아들이 하나님을 바라보는 시선에 자신의 단점이 영향을 미쳤다는 것을 이제야 깨닫게 되었다.
- 아이를 낳은 뒤 그리스도를 믿게 되어, 하나님이 어떤 분인지 여전히 배우고 있다. 이제 막 하나님을 향한 첫걸음을 떼고 있는 상황에서, 아들을 어떻게 그리스도께 인도해야 할지 몰라 막막하다.
- 여러분 자신도 세대를 이어 내려온 죄의 패턴으로 하나님을 바르게 인식하지 못한다. 아들이 같은 문제에 얽매이지 않기를 간절히 바라지만, 솔직히 말하면 여러분 자신도 자유롭지 않다.

여러분과 아들이 복음의 진리를 깊이 새기고 있다는 것은 정말 감사한 일입니다! 예수님은 "건강한 사람에게는 의사가 필요하지 않으나, 병든 사람에게는 필요하다. 나는 의인을 부르러 온 것이 아니라 죄인을 부르러 왔다"(막 2:17)라고 말씀하셨습니다.

하나님을 인식하는 우리의 관점이 왜곡되어 있기 때문에 진리가 더욱 필요하고, 진리를 더욱 알아야 합니다. 가정생활은 서로에게 하나님이 어떤 분인지를 일깨워 주고, 진리를 향해 함께 나아갈 기회를 끊임없이 제공합니다.

가족 관계를 통해 우리에게 구세주가 얼마나 절실히 필요한지가 드러날 때가 있습니다. 그런 순간이면 저(에린)는 때때로 복음의 씨앗이 조개껍데기처럼 작고 단순하게 보일 수 있다는 것을 깨닫습니다. 우리 아들 중 한 명이 유치원에 다니던 어느 날, 평소보다 지나치게 들뜬 모습으로 집에 돌아왔습니다. 아들의 행동이 무언가 이상하다는 느낌이 들었죠. 지금 돌이켜 보면, 그 순간은 성령님이 부모의 역할을 하도록 저를 명확하게 도우셨던 때 중 하나였습니다. 저는 아들에게 집중할 수 있는 조용한 순간을 기다렸다가 조심스럽게 물었습니다. "애야, 엄마한테 말해 줄 게 있니?" 그러자 아이의 눈에 눈물이 가득 맺혔습니다. 아들은 코듀로이 바지 주머니에 손을 넣어 작은 조개껍데기 세 개를 꺼냈습니다. 유치원에서 몰래 가져온 것이었죠.

"수지 할머니에게 드리고 싶었어요." 아이가 말했습니다.

수지 할머니는 바다를 정말 좋아하십니다. 그 마음은 사려 깊었지만, 결국 아들은 그것을 훔친 것입니다.

어린 나이이지만 하나님은 아들에게 양심을 심어 주셨습니다. 아들은 자신이 남의 것을 가져왔다는 것을 알았고, 그것을 숨기려고 했지만 실패했습니다. 저희 부부는 훔치는 것이 왜 잘못된 일인지를 설명한 뒤, 함께 유치원으로 갔습니다. 아들은 눈물을 흘리며 선생님께 잘못을 고백했습니다.

몇 년이 지난 지금도 '조개껍데기 사건'이 떠오를 때면 제 얼굴에 미소가 번집니다. 되돌아보면, 그 순간 부모로서 제가 정말 가르쳐야 했던 것은 단순히 '훔치지 말라'는 교훈(물론, 이것도 중요하지만)이 아니라, 고백과 용서를 가르치는 것이었음을 더 분명히 깨닫게 됩니다.

그 아이는 지금도 쉽게 기가 죽는 모습을 보입니다. 자신의 죄와 마주할 때면, 곧잘 곰돌이 푸의 이요르처럼 말하곤 합니다. "불쌍한 나…나는 정말 부족해…아무도 나를 사랑하지 않아." 저 역시 그런 마음을 가졌던 적이 많았기에 그 반응이 깊이 이해되었습니다.

그런 순간마다 그리고 비슷한 상황에 놓일 때마다 우리는 미가서 7장 19절에서 영감을 얻은 짧은 대화를 시작했습니다. 이 구절은 하나님이 우리의 죄를 바다 밑 깊은 곳으로 던지신다고 선언합니다.

엄마 또는 아빠: "네가 죄를 고백하면 하나님은 그 죄를 어떻게 하실까?"

아들: (말씀을 배우고 나서) "하나님은 그 죄를 바다 깊은 곳에 던지세요."

엄마 또는 아빠: "그럼 하나님이 잠수복을 입고 바다에 들어가 그 죄를 다시 끌어올리실까?"

아들: "아니요. 하나님은 잠수복이 없으세요."

물론 하나님은 원하시면 언제든 어디서든 무엇이든 찾아내실 수 있습니다. 하지만 성경은 하나님이 우리의 죄를 어떻게 다루시는지를 묘사할 때 죄를 바다 밑 깊은 곳에 던지시고 다시는 건져 내지 않으신다고 말씀합니다. 여러분의 아들은 하나님이 항상 자신에게 화를 내시는 분으로 생각하지 않을 수도 있습니다. 그 대신 아들은 다음과 같은 왜곡된 생각을 할 수도 있습니다.

- 하나님은 나를 사랑하지 않으셔.
- 하나님은 멀리 계셔.
- 하나님은 나를 참아 주고 계실 뿐이야.
- 하나님은 내 문제를 해결해 주셔야만 해.
- 하나님만으로는 충분하지 않아.

하나님에 대한 거짓말이 어떤 형태로 나타나든 해결 방법은 같습니다. 『1020 여성들이 믿고 있는 거짓말』에서 한 가지 더 생각해 볼 내용이 있습니다.

> "하나님에 대한 모든 거짓말은 같은 방식으로 해결됩니다. 성경을 통해 예수님을 알아가는 것입니다. 예수님은 '하나님의 영광

의 광채시요, 하나님의 본체대로의 모습'(히 1:3)이십니다. 예수님을 제대로 알면, 하나님에 대한 잘못된 정보를 믿기가 어렵습니다."[7]

여러분은 진리를 배우는 이 여정으로 아들이 하나님의 참된 성품을 이해하도록 돕는 첫걸음을 이미 내디뎠습니다. 매일, 해마다 함께 성경을 읽으며, 하나님을 올바로 알게 하는 귀한 선물을 아들에게 주고 있습니다. 이것은 우리의 경험에 의지하지 않고, 하나님이 본래 어떤 분인지를 깨닫게 하는 선물입니다. 얼마나 아름답고 영원한 선물인가요! (조개껍데기보다 훨씬 더 값진 선물이죠!)

부모가 ─── 부모에게

▶ 시편 113편 5절은 이렇게 질문합니다. "주 우리 하나님과 같은 이가 어디에 있으랴?" 누가 하나님과 같을까요? 우리는 누구와 하나님을 비교할 수 있을까요? 우리 자신은 아닙니다. 우리는 그분의 형상대로 지음받았지 그 반대가 아닙니다. 물론, 우리가 본 적 없는 하나님을

---

[7] Nancy DeMoss Wolgemuth and Dannah Gresh, *Lies Young Women Believe: And the Truth That Sets Them Free* (Chicago: Moody Publishers, 2018), 51.

상상하는 것은 어렵습니다. 하지만 시편 기자는 자신이 하나님에 관해 알고 있는 것을 기록하고 확고한 결론을 내렸습니다.

"높은 곳에 계시지만 스스로 낮추셔서,
하늘과 땅을 두루 살피시고,
가난한 사람을 티끌에서 일으키시며
궁핍한 사람을 거름더미에서 들어올리셔서,
귀한 이들과 한자리에 앉게 하시며
백성의 귀한 이들과 함께 앉게 하시고,
아이를 낳지 못하는 여인조차도 한 집에서 떳떳하게 살게 하시며,
많은 아이들을 거느리고 즐거워하는 어머니가 되게 하신다.
할렐루야"(시 113:5하-9).

▶ 아들을 위해 기도해 주세요.
- "아들이 하나님은 상상할 수 없을 만큼 크고 놀라운 분임을 깨닫게 해 주세요."
- "하나님의 말씀을 통해 하나님을 알고자 하는 마음을 갖게 해 주세요."
- "온 가족이 하나님이 어떤 분인지를 깊이 깨닫고, 잘못된 생각에서 돌이킬 수 있도록 도와주세요."

함께 이야기해 보세요

기도하는 마음으로 이번 장에서 배운 진리를 아들과 이야기할 기회를 찾아보세요.

- 소몰이하는 것이 재미있을 것 같니? 왜 그렇게 생각하니? 왜 그렇게 생각하지 않니?
- 내가 너에게 크게 화가 났던 때를 떠올려 볼래? 너의 관점에서 그때 상황을 이야기해 줄래?
- 하나님이 너에게 화를 내시는 것 같아 걱정한 적이 있니?
- 하나님 아버지가 십자가에 달리신 예수님께 분노를 쏟으셨다는 것이 무슨 의미라고 생각하니?(사 53:4-6)
- 하나님이 너의 죄를 용서하시면 그 죄를 잊으실까? 아니면 언젠가 끄집어내실까?

7장 하나님의 창조 계획 받아들이기

이번 장은 아들이 읽고 있는 책의 '거짓말 5' 부분입니다.

거짓말 5: "여자애들은 똑똑하고 남자애들은 멍청해!"
진리: 남자와 여자의 차이는 하나님의 계획이야.

남자와 여자는 각각 독특하게 창조되었기 때문에, 모든 남자아이와 여자아이에게 딱 들어맞는 하나의 기준은 없습니다. 하지만 비교적 최근까지는 남자아이와 여자아이가 다르다는 것을 대부분 당연하게 받아들였습니다. 한 성별이 다른 성별보다 우월하다고 주장하는 부모는 거의 없지만, 남자아이와 여자아이가 함께 있는 방을 잠시만 둘러보아도 이들의 분명한 차이를 금방 알 수 있습니다.

하지만 지금 우리는 논리로 움직이는 시대에 아이를 키우고 있지 않습니다. 우리의 부모님과 조부모님도 분명 그분들만의 큰 어려움이 있었지만, 우리는 다음과 같은 믿음이 퍼져 있는 시대에 자녀를 양육하고 있습니다.

- 성별은 유동적이며, 아이들이 자신의 성별을 결정할 자유가 있어야 한다.
- '권력'이라는 단어가 여성성을 가장 잘 묘사한다. 예를 들어, 많은 문화적 목소리는 "미래는 여성의 것이다"라고 주장한다.
- 남성성은 유해하며, 남성은 우리 사회가 직면한 많은 문제에 큰 책임이 있다.

이것은 많은 사람이 큰 소리로 표현하는 생각들을 간단하게 정리한 것이지만, 소셜 미디어를 살펴보면 이러한 미묘한 생각들이 당연한 것으로 언급되는 것을 알 수 있습니다.

현대 사회에서 성별과 성에 대한 논의는 정치적·문화적 이익을 얻으려는 무기가 되었습니다. 우리는 이러한 혼란이 아들의 마음에 스며드는 것을 막고 싶으면서도, 논쟁을 피하고 싶은 유혹을 느낄 수 있습니다. 하지만 이 문제는 우리 문화 전반에 이미 깊이 뿌리를 내렸습니다. 하나님이 계획하신 남성성과 여성성에 반하는 개념들이 텔레비전 프로그램, 영화, 공공 도서관, 미디어 광고 등 모든 곳에 보입니다. 그렇기에 우리는 아들들이 그리스도 안에서 올바른 정체성을 확립하도록 이러한 도전에 맞서고, 이런 노력이 널리 퍼지고 끊임없이 지속되도록 해야 합니다.

『진정한 여성 101: 하나님의 디자인』(*True Woman 101: Divine Design*)에서 낸시 드모스 월게머스와 메리 캐시언은 아들의 자아를 형성하는 데 필요한 기초를 제시합니다.

> "창조주이신 하나님은 우리를 가장 잘 아시는 분이다. 그분은 우리를 남자와 여자로 창조하신 방법과 그 이유를 정확히 아신다. 설계자이신 하나님은 그분이 의도하신 설계에 따라 우리의 삶과 관계를 가장 적절하고 조화롭게 정리하는 방법을 알고 계신다. 예수님은 남성과 여성의 관계에 대한 질문을 받으신 적이 있다.

바리새인들은 이혼에 대한 당시의 문화적 관습과 관행에 대해 논쟁하며, 예수님이 두 가지 견해 중 하나를 지지하시기를 기대했다(마 19:3-9). 하지만 예수님은 이 논의를 완전히 다른 차원으로 끌어올리셨다.

예수님은 올바르게 생각하려면 모든 문화적 관습과 사회적 규범 그리고 죄로 왜곡된 관점을 뛰어넘어야 한다고 가르치셨다. 단순히 개인 의견이나 '해야 할 것'과 '하지 말아야 할 것'의 목록을 놓고 논쟁을 벌여서는 진리를 찾을 수 없었다.

올바르게 생각하고 행동하려면 남자와 여자에 대해 하나님이 세우신 숭고한 의도를 이해해야 했다. 그리고 이를 위해 그들은 창조, 즉 하나님의 패턴을 되돌아보고 하나님이 설계하신 원래 의도를 이해해야 했다."[8]

아들이 자신의 남성성을 이해하고 받아들이도록 돕는 방법이 세상의 잘못된 개념에 끊임없이 반박하는 것이라면, 결국 '진리를 찾기 위한 두더지 잡기' 같은 싸움에 지치고 성과를 얻지 못할 가능성이 큽니다.

오늘날에는 남성성이 해로운 것이라는 메시지가 퍼지고 있습니다. 하지만 언젠가는 지나치게 과장된 남성성이 오히려 좋은

---

[8] Mary A. Kassian and Nancy Leigh DeMoss, *True Woman 101: Divine Design* (Chicago: Moody Publishers, 2012), 18–19.

평을 받게 될지도 모릅니다. 오늘날에는 언제든 성별을 바꿀 수 있다는 주장이 힘을 얻고 있지만, 그 주장이 언제 다시 반대 방향으로 움직일지, 혹은 앞으로 몇십 년 동안 성별과 성에 대한 또 다른 개념들이 지지를 받게 될지는 아무도 모릅니다. 중요한 것은 성별이 매우 중요하다는 사실입니다. 그것은 하나님이 성별을 창조하셨기 때문입니다. 성별의 창조주이신 하나님만이 무엇이 진리인지 선언하실 권위가 있으십니다.

아들이 이 험난한 세상을 헤쳐 나가려면 여러분의 도움이 필요합니다. 아들에게 줄 수 있는 최고의 도움은 자신의 정체성을 비롯해 모든 질문의 답을 하나님의 말씀에서 찾는 방법을 알려 주는 것입니다.

어디서부터 시작해야 할지 고민되시나요? 창세기부터 시작해 보세요. 창세기 1장 27절은 이렇게 말씀합니다.

"하나님이 당신의 형상대로 사람을 창조하셨으니, 곧 하나님의 형상대로 사람을 창조하셨다. 하나님이 그들을 남자와 여자로 창조하셨다."

이 구절은 성별에 대한 하나님의 진리를 깊이 이해하고, 자녀가 자신의 성 정체성을 바르게 세우도록 돕는 중요한 열쇠입니다. 이 한 구절에서 우리는 세 가지 핵심 진리를 발견할 수 있습니다.

1. 하나님이 인류를 창조하셨습니다. 설계자이신 하나님께만 우리의 정체성을 정의하실 권위가 있습니다.
2. 하나님은 처음부터 남자와 여자를 명확히 다르게 창조하셨습니다. 남자아이와 여자아이는 서로 대체할 수 없습니다.
3. 하나님은 남자와 여자를 그분의 형상대로 창조하셨습니다. 하나님이 주신 남성성과 여성성은 이 세상에 하나님이 누구신지를 보여 주는 그림입니다.

이것은 이 책에서 살펴본 다른 많은 주제처럼 아들과 지속적으로 대화해야 할 주제입니다. 오늘날 이 세상 문화는 하나님의 진리에서 빠르게 벗어나고 있고, 그래서 제자 훈련이 더욱 필요합니다. 하나님의 말씀이 무엇을 가르치는지, 그리고 자신의 정체성을 성경의 진리를 따라 정의하지 않는 세상에 대해 어떻게 대응해야 하는지를 배워야 하기 때문입니다.

준비하세요! 성령님의 도우심을 따라 성경 말씀을 길잡이로 삼는다면, 아들이 하나님이 만드신 자신의 남성성을 이해하고 받아들이도록 도울 수 있습니다. 이것이야말로 세상의 흐름에 맞서 예수님의 이름으로 어둠을 물리치는 놀라운 방법입니다!

부모가 ──
부모에게

▶ 골로새서 3장 17절에서 바울은 이렇게 말합니다.
"그리고 말이든 행동이든 무엇을 하든지, 모든 것을 주 예수의 이름으로 하고, 그분에게서 힘을 얻어서, 하나님 아버지께 감사를 드리십시오."

▶ 위의 말씀을 기억하며 아들을 위해 기도해 주세요.
- "아들이 하나님의 영광을 위해 살아가게 해 주세요."
- "아들이 자신이 그리스도를 대표하는 사람임을 깨닫고, 자기 삶이 예수님을 믿지 않는 사람들과는 달라야 한다는 것을 이해하게 해 주세요."
- "모든 가족이 성별과 성에 대한 거짓말에 흔들리지 않고 마음을 굳게 지키며, 이 영역에서 하나님의 진리에 깊이 뿌리내리게 해 주세요."

함께 이야기해 보세요

기도하는 마음으로 이번 장에서 배운 진리를 아들과 이야기할 기회를 찾아보세요.

- 하나님이 왜 남자와 여자를 만드셨다고 생각하니?
- 어른들이 남자아이보다 여자아이를 더 좋아한다고 느낀 적이 있니? 그런 경험이 있다면 이야기해 줄 수 있을까?
- 하나님의 형상을 닮은 사람이 된다는 건 무슨 뜻이라고 생각하니? 그런 사람이 되려고 너는 어떤 노력을 하고 있니?
- 남자로 태어나서 좋은 점은 뭐라고 생각하니? 하나님이 너를 남자로 만드신 것을 어떻게 감사하며 기념할 수 있을까?

8장   제이슨 데이비스의 멋진 학교

이번 장은 아들이 읽고 있는 책의 '거짓말 6' 부분입니다.

거짓말 6: "친구는 필요 없어."

진리: 함께 싸워 줄 친구가 필요해.

2020년에 코로나19 팬데믹이 시작되면서, 우리도 다른 부모들처럼 집에서 일하며 하루 종일 아이들을 돌보아야 했습니다. 하지만 온라인 수업만으로는 아들들의 관심을 오래 끌 수 없어서 제대로 교육하기가 어렵다는 것을 곧 깨달았습니다. 그래서 저희는 창의적인 방법을 찾아보기로 했지요.

저희 부부는 수학, 과학, 읽기 같은 전통적인 과목의 중요성을 잘 알고 있습니다. 하지만 저희는 집안일, 기초 건축 기술, 대인관계, 문제 해결 능력처럼 실생활에 필요한 다양한 기술을 익힌 균형 잡힌 아들들로 키우고 싶었습니다.

그래서 '제이슨 데이비스의 멋진 학교'가 시작되었습니다.

아들들과 함께 보낼 시간이 늘어난 것을 기회로 삼아, 저(제이슨)는 아이들이 언젠가 독립해 자신의 가정을 꾸렸을 때 꼭 필요한 기술을 가르치기로 마음먹었습니다. 우리는 닭장을 짓고, 버섯 채집 방법을 배우며, 낚싯대에 미끼를 묶는 법을 익히고, 야외에서 불을 피우는 연습을 했습니다.

팬데믹이 끝나고 우리 가족은 '일상적인' 일과와 학교생활로 돌아왔지만, 아들들이 함께 일하면서 익힌 기술을 실생활에서 활용하는 모습을 자주 봅니다. 에린과 저는 형제 사이의 다툼을 중재하거나 갈등을 해결하는 데 많은 시간을 할애하지만, 아이들이 서로를 응원하는 모습도 봅니다.

남자아이로만 가득한 우리 집과는 달리 저는 누나만 있는 가정에서 자랐습니다. 누나를 매우 사랑하지만, 한편으로는 형제가 있으면 좋겠다는 생각을 자주 했습니다. 그래서 제 아들들이 함께 다니는 모습을 보면 정말 기쁩니다. 저는 아이들이 평생 서로를 좋은 친구 삼아 살았으면 좋겠습니다.

우정을 키우는 일이 저에게는 그리 자연스럽지 않습니다. 저에게 완벽한 금요일 밤이란 친구들과 외식을 즐기기보다는 작업실에서 혼자 프로젝트에 몰두하는 것입니다. 물론 친구가 없어도 살아갈 수 있지만, 진정으로 풍요로운 삶을 살려면 가족이 아닌 사람들과도 의도적으로 관계를 맺어야 한다는 것을 배워야 했습니다.

성경은 지혜로운 사람들과 교제함으로써 거짓 없이 사는 지혜를 얻을 수 있다고 가르칩니다. 우리는 아들들이 아주 어렸을 때부터 잠언 13장 20절을 가르쳤습니다.

"지혜로운 사람과 함께 다니면 지혜를 얻지만, 미련한 사람과 사귀면 해를 입는다."

복음서에 나오는 예수님과 제자들의 관계를 묵상할 때마다, 아들들을 향한 저의 희망과 꿈이 자연스럽게 떠올랐습니다. 예수님은 제자들이 세상 끝까지 복음을 전하도록 준비시키시면서, 그들에게 공동체 정신을 심어 주셨습니다. 예수님은 그들을 독불장군으로 부르지 않으셨습니다. 예수님도 이 땅에서 사역하실 때 다른 사람들과 함께하시기로 선택하셨습니다. 이는 지혜로운 그리스도인들과 의도적으로 연결되어 사는 것이 얼마나 중요한지를 가르쳐 줍니다. 그리고 제 아들들도 그렇게 살도록 돕는 것이 중요하다는 사실을 상기하게 됩니다.

　　이러한 이유로, 저희는 아들들이 스포츠를 하도록 권했습니다. (물론, 아이들의 넘치는 에너지를 소모할 필요도 있었습니다!) 현실적으로 우리 아들들이 프로 선수나 대학 스포츠 선수가 될 가능성은 거의 없습니다. 그렇다면 아이들을 체육관에 데려다주며 그 많은 시간을 보내는 이유는 무엇일까요? 그것은 아이들이 팀의 일원이 되는 법을 배울 수 있기 때문입니다. 팀워크는 그리스도인으로 살아가는 데 꼭 필요한 기술입니다.

　　저희는 종종 우리 가족을 '데이비스 팀'이라고 부릅니다. 에린은 가끔 이렇게 묻습니다. "누가 우리 팀이지?"

　　유다는 신이 나서 항상 제일 먼저 대답합니다. "저요! 제가 팀원이에요!"

　　"저도 같은 팀이에요!" 에즈라도 따라 말합니다.

"저도요." 엘리가 말합니다.

"나도 팀원이야." 노블이 덧붙입니다.

"나도." 제가 응답합니다.

마지막으로 에린이 마침표처럼 말합니다. "나도 같은 팀이지!"

이 간단한 대화는 채 1분도 걸리지 않지만, 하나님이 우리를 서로 의지하며 살아가도록 만드셨다는 사실을 다시금 깨닫게 해 줍니다. 가족이 많든 적든, 여러분의 가정은 아들이 '팀의 일원이 되는 것'이 어떤 의미인지를 배울 수 있는 최초의 장소입니다. 혼자 고립되어 있을 때 거짓말에 넘어가기가 더 쉽습니다. 꾸준히 진리 위에 서려면 팀워크가 필수입니다.

아들이 거짓말을 물리치도록 돕는 최고의 방법 중 하나는, 예수님을 따르는 다른 친구들과 우정을 쌓도록 격려하고 돕는 것입니다. 고린도후서 6장 14절 말씀을 읽어 보세요.

"믿지 않는 사람들과 멍에를 함께 메지 마십시오. 정의와 불의가 어떻게 짝하며, 빛과 어둠이 어떻게 사귈 수 있겠습니까?"

아들이 예수님을 모르는 사람들에게 친절히 대하고, 기회가 있을 때마다 자신의 믿음을 나누도록 격려하세요. 하지만 매일 함께 일하고 우정을 쌓을 '팀원'을 고를 때는 친구 이상의 존재가 필요합니다. 바로 전우입니다. (이것은 부모인 여러분도 마찬가지입니다!)

다음은 잠언에 나오는 또 하나의 지혜입니다. 우리 아들들에게도 암송하도록 권했던 구절입니다.

> **잠언 17:17, 현대인의 성경** "변함없이 서로 사랑하는 것이 친구이며 위급할 때 서로 돕는 것이 형제이다."

이 구절의 앞부분인 "변함없이 서로 사랑하는 것이 친구이며"는 자주 인용됩니다. 참된 우정이 무엇인지 배우는 것은 누구나 마음에 새겨야 할 중요한 교훈이기 때문입니다. 하지만 이 구절의 뒷부분도 덤으로 적힌 것이 아닙니다.

"위급할 때 서로 돕는 것이 형제이다."

친형제가 있든 없든, 내성적이든 외향적이든, 친구를 사귀는 것이 쉽든 어렵든 상관없이, 여러분의 아들에게는 인생을 함께 살아갈 또래 친구들이 필요합니다. 우리가 모두 그랬듯이, 아들들은 여러 가지 어려운 일에 부딪힐 것입니다. 이런 상황에 대비하고 거짓에서 벗어나 승리하는 삶을 살도록 도와주려면 아들에게 믿음의 친구들이 필요하다는 사실을 인정하고 축복하며 적극적으로 지지해 주어야 합니다.

> **부모가 ──**
> **부모에게**
>
> ▶ 잠언 13장 20절을 읽고, 아들을 기억하며 기도해 주세요.
>   "지혜로운 사람과 함께 다니면 지혜를 얻지만, 미련한 사람과 사귀면 해를 입는다."
>
> ▶ 아들을 위해 기도해 주세요.
> • "아들의 삶에 지혜로운 친구들을 보내 주세요."
> • "아들이 다른 사람들의 지혜에서 배우게 도와주시고, 지혜로운 사람으로 성장하도록 인도해 주세요."
> • "어리석은 우정을 깨닫고 이를 멀리할 수 있도록 도와주세요."
> • "교만으로 가득 찬 독립심을 거부하고, 하나님의 공동체 안에서 살아가는 가치를 깨닫게 해 주세요."
> • "부모로서 우리 자신의 관계를 돌아보고, 의도적으로 믿음의 우정을 키우도록 도와주세요."

함께 이야기해 보세요

기도하는 마음으로 이번 장에서 배운 진리를 아들과 이야기할 기회를 찾아보세요.

- 가장 친한 친구는 누구니? 그 친구가 특별한 이유는 뭐라고 생각하니?
- "팀에는 '내'가 없다"는 말을 들어 본 적 있니? 그 말이 무슨 뜻이라고 생각하니?
- 네가 어려울 때 도와달라고 말하지 못하는 이유가 뭐라고 생각하니?
- 하나님은 왜 아담이 혼자 있는 것을 "좋지 않다"고 말씀하셨을까?
- 우정이 주는 유익이 뭐라고 생각하니?
- 네가 예수님을 믿는 친구들과 더 친해질 수 있도록 우리가 어떻게 도와주면 좋을까?

9장 왜 아들을 뽁뽁이 속에 보호할 수 없을까?

이번 장은 아들이 읽고 있는 책의 '거짓말 7' 부분입니다.

거짓말 7: "예수님을 따르는 건 지루한 일이야."

진리: 예수님을 따르는 건 엄청난 모험이야.

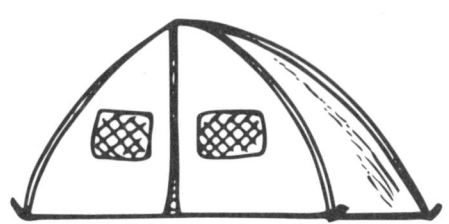

제 아내에게 물어보면, 저(제이슨)는 위험을 피하려는 성향이 강하다고 말할 겁니다. 아내는 즉흥적인 사람이고, 저는 신중히 계산하는 편입니다. 아내는 빠르고 쉽게 결정을 내리지만, 저는 장단점을 꼼꼼히 따져 보느라 시간이 걸립니다. 아내는 할 수만 있다면 1-2년에 한 번씩 이사하고 싶어 하지만, 저는 한곳에 정착하는 것을 선호합니다. 이처럼 서로 다른 성향이 우리를 효율성이 높은 팀으로 만들어 줍니다.

아내는 자신의 신앙 여정을 '두려움 속에 감행하는 순종의 줄타기'라고 표현합니다. 하지만 아내를 지켜보면 그렇게 두려워하는 것 같지는 않습니다. 오히려 아내는 예수님의 이름으로 큰 도전을 즐기며 사는 듯 보입니다. 저는 아내가 임신 6개월의 몸으로 알래스카에 가서 원주민 부족에게 복음을 전하고, 몽족(Hmong) 청소년에게 성경을 전하는 콘퍼런스에서 그들의 언어를 사용할 수 없는 유일한 사람이었는데도 그들의 손을 잡고 기도해 주는 모습을 바로 옆에서 지켜보았습니다. 아내는 예수님과 함께하는 삶은 절대 지루할 수 없다고 가장 먼저 말할 사람입니다. 저도 아내와 함께한 삶에 대해 똑같이 말할 수 있습니다.

아내는 아들들이 어렸을 때부터 예수님을 위해 큰 도전을 시도하도록 늘 격려했습니다. 아내는 아이들에게 성경 말씀을 외우도록 가르쳤고, 친구들에게 복음을 전하라고 용기를 북돋아 주었으며, 캠프나 선교 여행이 있을 때마다 참여하라고 등을 떠밀었습니다.

저는 어린 시절에 예수님을 믿었고, 십대 때부터 사역에 헌신했습니다. 하지만 제 신앙은 아내와는 다르게 조용한 편입니다. 제가 가장 좋아하는 성경 구절은 미가서 6장 8절입니다.

> "너 사람아, 무엇이 착한 일인지를 주님께서 이미 말씀하셨다. 주님께서 너에게 요구하시는 것이 무엇인지도 이미 말씀하셨다. 오로지 공의를 실천하며 인자를 사랑하며 겸손히 네 하나님과 함께 행하는 것이 아니냐!"

저에게 예수님을 따르는 일은 이처럼 단순합니다. 물론 예수님이 저를 그분의 형상으로 빚어 가시는 과정에서 많은 도전을 받기는 했지만, 저는 제 신앙 여정을 '두려움 속에 감행하는 순종의 줄타기'라고 표현하지는 않을 것입니다. 저는 그저 최선을 다해 하나님을 사랑하고, 다른 사람들을 사랑하려고 할 뿐입니다. 그것으로 충분합니다.

여러분의 아들은 예수님을 따르는 것이 위대한 모험이라는 것을 배우고 있습니다. 하지만 그렇다고 해서 항상 먼 나라로 떠난다거나 삶에 큰 변화가 일어나는 것은 아닙니다. 예수님을 따른다는 것은 우리 자신보다 더 큰 목적을 위해 사는 것입니다. 죄에 물든 우리의 본성은 늘 "내가 먼저야"라고 외치지만, 모든 남자와 소년의 마음속에는 자기중심적인 삶의 한계를 뛰어넘어 더 큰 목적을 위해 모든 것을 바치고 싶어 하는 열망이 있다고 믿습니다.

또 다른 위대한 모험가인 세례 요한은 요한복음 3장 30절에서 이렇게 말했습니다. "그는 흥하여야 하고, 나는 쇠하여야 한다."

예수님을 따른다는 것이 무엇을 의미하는지 요한이 간결하게 요약한 이 말은 "나를 덜 드러내고, 그리스도를 더 드러낸다"라는 뜻입니다. 하지만 이를 실천하는 것은 말처럼 쉽지 않습니다. 이 구절은 또한 요한이 자기중심적인 만족과 즐거움을 내려놓고 기꺼이 더 큰 목적을 위해 살 수 있었던 이유를 보여 줍니다. 그것은 우리 영혼이 예수님을 본능적으로 갈망하도록 지어졌기 때문입니다. 그분은 영원한 생명을 주시는 분입니다.

아버지에게 아이들을 보호하는 것보다 더 큰 역할은 없다고 저는 생각합니다. 하나님이 맡기신 가족을 보호하려는 본능이 제 안에 있습니다. 그것은 매우 중요한 일이죠. 그러나 예수님을 따르려면 때로는 큰 대가를 치러야 한다는 것도 알고 있습니다. 그래서 제 말과 행동을 통해 아들들이 그 대가를 기꺼이 치르겠다고 결심할 수 있도록 도와야 한다는 것도 압니다.

골로새서 3장 1-4절을 묵상해 보세요.

"그러므로 여러분이 그리스도와 함께 살려 주심을 받았으면, 위에 있는 것들을 추구하십시오. 거기에는, 그리스도께서 하나님의 오른쪽에 앉아 계십니다. 여러분은 땅에 있는 것들을 생각하지 말고, 위에 있는 것들을 생각하십시오. 여러분은 이미 죽었고, 여러분의 생명은 그리스도와 함께 하나님 안에 감추어져 있습니다. 여러분의 생명이신 그리스도께서 나타나실 때에, 여러분도 그분과 함께 영광에 싸여 나타날 것입니다."

하나님의 은혜로 우리는 더 이상 죄로 인한 죽음의 형벌을 두려워하지 않아도 됩니다. 그 대신, 매일 우리의 권리와 욕망을 내려놓고 하나님이 주신 새로운 삶을 받아들이는 '일상의 죽음'을 선택합니다.

저는 제 아들들이 안전하기를 바랍니다. 세상 어느 아버지가 그렇지 않겠습니까? 하지만 하나님의 진리를 받아들이고 제 아들들이 그 진리를 따르도록 돕는다는 것은 때로는 그들이 어떠한 대가를 치르더라도 순종하도록 격려하는 것을 의미합니다. 때로는 학교에 새로 전학 온 친구를 교회 모임에 초대하는 것이 그 순종일 수 있습니다. 때로는 교회에 예배드리러 가려고 연습에 빠지고, 그래서 경기 출전 기회를 잃는 것을 감수해야 할 수도 있습니다. 때로는 부끄러움을 무릅쓰고 잘못을 고백해야 할 때도 있을 것입니다. 제 아들들이 성장하여 어른이 되면, 예수님을 따르기 위해 극복해야 할 도전과 기회는 더욱 많아질 것입니다. 저는 제 삶과 말로, 예수님을 따르는 것이 어떤 위험도 감수할 만큼 충분히 가치 있다는 것을 보여 주고 싶습니다.

혹시 여러분은 자녀에게 그리스도인의 삶이 그저 주일에 교회에 가고, 잠자기 전에 성경 몇 구절을 읽는 것에 불과하다는 메시지를 의도치 않게 전달하지는 않았나요? 혹시 자녀의 안전이 걱정되어 하나님 나라를 위해 위험을 감수하지 못하게 하거나, 자녀를 격려하지 못하고 있지는 않나요? 여러분의 자녀는 그리스도를 따르는 모험에 대해 여러분과 이야기하고 싶어 할 수도 있습니다. 바로 그 대화의 순간이 여러분의 가족이 하나님의 영광을 위해 안전지대에서 벗어나도록 도와달라고 기도드릴 좋은 기회입니다.

부모가 ──
부모에게

▶ 갈라디아서 2장 20절을 깊이 묵상하세요.
"나는 그리스도와 함께 십자가에 못박혔습니다. 이제 살고 있는 것은 내가 아닙니다. 그리스도께서 내 안에서 살고 계십니다. 내가 지금 육신 안에서 살고 있는 삶은, 나를 사랑하셔서 나를 위하여 자기 몸을 내어주신 하나님의 아들을 믿는 믿음 안에서 살아가는 것입니다."

▶ 아들을 위해 기도해 주세요.
- "'그리스도와 함께 십자가에 못 박혔다'는 것이 삶에서 어떤 의미인지 깨닫게 해 주세요."
- "저와 제 아들이 매일 하나님 앞에 삶을 내려놓을 수 있도록 힘을 주시고, 그리스도가 우리 안에 살아 계심을 경험하게 해 주세요."
- "아들의 안전과 미래를 하나님께 온전히 맡길 수 있는 믿음을 주세요."
- "아들이 그리스도인답게 살겠다는 열정을 품고 적극적으로 살게 해 주세요."

함께 이야기해 보세요

기도하는 마음으로 이번 장에서 배운 진리를 아들과 이야기할 기회를 찾아보세요.

- 네가 생각하는 모험은 어떤 모습이니?
- 네가 가장 좋아하는 성경 이야기는 무엇이니? 왜 그 이야기를 가장 좋아하니?
- 그리스도인으로 사는 것이 지루하다고 느껴질 때가 있니? 왜 그렇게 생각하니?
- 예수님이 너를 어디로 이끄시든 따라갈 준비가 되어 있니? 만약 그렇지 않다면, 무엇이 두렵니?

10장 절제, 내 힘이 아닌 하나님을 의지하기

이번 장은 아들이 읽고 있는 책의 '거짓말 8' 부분입니다.

거짓말 8: "나도 나를 어쩔 수 없어!"

진리: 너를 도우시는 분이 있어.

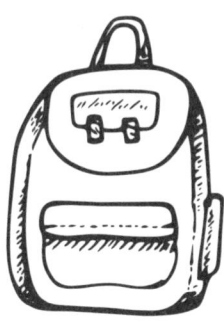

여러분의 아들은 이 시험을 통과할 수 있을까요? 바로 '마시멜로 테스트' 말입니다. 1970년대에 스탠퍼드 대학교의 두 연구자는 아이들이 즉각적인 만족을 미루는 능력을 측정하기 위해 흥미로운 실험을 고안했습니다. 방법은 간단했습니다. 아이를 방에 앉히고, 그 앞에 마시멜로, 프레첼, 벨을 놓습니다(무언가 재미있는 일이 벌어질 것 같지 않나요?). 그리고 나서 한 어른이 아이에게 이렇게 설명합니다. "잠시 방을 비울 건데, 만약 네가 벨을 누르지 않거나 음식을 먹지 않고 기다리면, 네가 원하는 간식을 먹을 수 있어." 실험 과정에 다양한 변수가 추가되었고, 많은 마시멜로가 사라지기도 했습니다. 연구진은 실험을 끝내고 여러 차례 후속 연구를 통해, 어린 시절 즉각적인 만족을 미루는 능력이 미국 대입 평가 고사(SAT)에서의 고득점, 강한 자존감, 스트레스 관리 능력 향상 등 성공적인 삶의 여러 지표와 연관이 있다는 사실을 발견했습니다.[9]

---

[9] Angel E. Navidad, "Marshmallow Test Experiment and Delayed Gratification," Simply Psychology, 2023년 7월 10일 업데이트, https://www.simplypsychology.org/marshmallowtest.html#SAT.

이 실험은 오랫동안 연구자와 부모 모두에게 흥미로운 주제였지만, 지혜의 관점에서 보면 새삼스러운 이야기가 아닙니다. 성경은 늘 아들(그리고 여러분 자신)의 삶에서 절제의 중요성을 강조했습니다.

저희 부부는 아들들에게 잠언 25장 28절을 가르친 적이 있습니다. 여러분의 아들도 『앗, 내가 이런 거짓말을 믿었다니!』에서 이 구절을 배우고 있습니다.

"자기의 기분을 자제하지 못하는 사람은, 성이 무너져 성벽이 없는 것과 같다."

이 말씀이 기록되었던 시대에 성벽이 없는 도시는 무방비 상태인 것과 다름없었습니다. 성벽은 외부의 공격에서 도시를 보호하는 필수 방어 수단이었죠. 자기 절제가 부족할 때 우리 삶에도 똑같은 파괴적인 결과가 나타난다는 것은 쉽게 이해할 수 있습니다. 여러분도 아들이 자신을 절제할 줄 아는 사람이 되는 것이 얼마나 중요한지 이미 잘 알고 있습니다. 성경에도 '절제'라는 표현이 나오지만, 우리가 흔히 생각하는 자존감이나 자부심과는 의미가 다릅니다. 아들이 이 '성령의 열매'를 온전히 이해하고 절제를 잘 키우도록 도우려면, 우리가 생각하는 '자아'라는 개념을 근본부터 다시 점검해야 합니다.

우리의 가치는 하나님께 있다

만약 이 책이 부모들이 나누는 실시간 대화라면, 아마 우리는 '자존감 운동'이 아이들에게 미친 영향을 두고 걱정과 한숨 섞인 이야기를 나누었을지도 모릅니다. 모든 학생이 받는 참가상이 진정한 평등을 실현하지 못한다는 사실, 긍정적인 말 몇 마디가 아이의 의심과 두려움을 완전히 없애지 못한다는 사실을 이미 알기 때문입니다.

여러분의 아들은 자신이나 다른 사람들의 평가로 확립된 정체성이 필요하지 않습니다. 왜냐하면 그 아이는 이미 오래전에 창조주 하나님께 고유한 가치를 부여받은 존재이기 때문입니다. 창세기 1장 27절은 모든 사람이 하나님의 형상대로 지어졌다고 말씀합니다. 우리는 하나님이 창조하신 존재로서, 세상에 하나님이 누구신지를 보여 주려고 지어졌습니다. 이것이 바로 우리의 가치입니다. 그리고 어떤 트로피나 업적, 혹은 사람들의 인정(혹은 이 모든 것의 부족함)도 이 가치를 빼앗을 수 없습니다.

여러분의 아들은 다양한 방법으로 자신의 가치를 찾으려 할 것입니다(여러분도 마찬가지일 거예요). 하지만 우리가 자신의 진정한 가치를 깨닫고 이를 거듭 상기하지 않는다면, 그 탐색은 끝나지 않을 것입니다. 하나님이 우리를 만드셨고, 하나님이 우리를 사랑하시며, 우리를 위한 계획이 있으시기에 우리가 소중한 존재라는 사실을 기억해야 합니다.

감정은 사실이 아니다

저희 부부의 친한 친구 티피는 "감정은 사실이 아니다"라는 말을 자주 합니다. 티피의 의도는 감정이 나쁘다는 것이 아니라(감정도 하나님이 만드신 것이니까요!), 감정은 (우리의 자아감을 포함해) 신뢰할 만한 판단의 기준이 아니라는 점을 강조하려는 것입니다. 선지자 예레미야는 이렇게 말했습니다.

> **예레미야 17:9** "만물보다 더 거짓되고 아주 썩은 것은 사람의 마음이니, 누가 그 속을 알 수 있습니까?"

여러분의 아들은 아마도 감정이 풍부할 것입니다. 여러분처럼 아들의 감정도 끊임없이 오르락내리락하겠지요. 하지만 거짓을 판별할 때 주관적인 감정을 신뢰하면 안 됩니다. 게다가 감정은 종종 행동으로 이어지기 때문에, 거짓에서 죄로 넘어가는 길은 매우 빠르고 위험합니다. 우리가 아들에게 자신의 힘으로 거짓에서 벗어나 진리로 향하는 방법을 가르치려 한다면, 이는 하나님의 경고를 간과하는 것입니다. "네 마음을 따르라"는 조언은 종종 잘못된 길로 인도한다는 것을 기억해야 합니다.

자아를 내려놓아야 한다

자아 숭배는 새로운 현상이 아니지만, 오늘날 우리 문화 전반에 널리 퍼져 있습니다. 하지만 그리스도는 우리를 세상과는 다른 방식으로 생각하고 행동하도록 부르셨습니다. 로마서 12장 2-3절의 경고를 곰곰이 생각해 보세요.

> "여러분은 이 시대의 풍조를 본받지 말고, 마음을 새롭게 함으로 변화를 받아서, 하나님의 선하시고 기뻐하시고 완전하신 뜻이 무엇인지를 분별하도록 하십시오. 나는 내가 받은 은혜를 힘입어서, 여러분 각 사람에게 말합니다. 여러분은 스스로 마땅히 생각해야 하는 것 이상으로 생각하지 말고, 하나님께서 각 사람에게 나누어주신 믿음의 분량대로, 분수에 맞게 생각하십시오."

그렇다면 아들의 감정을 신뢰할 수 없고, 자아가 지나치게 강조되어서는 안 되며, 자신의 가치가 자아에 달려 있지 않다면, 아들에게 어떻게 변기를 사용한 후 뚜껑을 닫으라고 하거나, 한 번에 과자 한 봉지를 다 먹지 않게 하며, 비디오 게임을 한 시간만 하고 멈추도록 가르칠 수 있을까요? 답은 성령의 열매에 있습니다!

갈라디아서 5:22-23 "그러나 성령의 열매는 사랑과 기쁨과 화평과 인내와 친절과 선함과 신실과 온유와 절제입니다. 이런 것들을 막을 법이 없습니다."

절제는 성령님이 예수님을 따르는 사람들에게 주시는 선물입니다. 이 얼마나 놀라운 소식인가요! 지금 여러분의 아들은 하나님이 "더 열심히 노력하라"라고 요구하시는 것이 아니라, 이미 아이의 삶에서 역사하고 계신 성령님께 의지하기를 원하신다는 것을 배우고 있습니다.

이 새로운 관점을 갖게 되면 여러분이 아들과 소통하는 방식에도 변화를 꾀해야 합니다. "더 열심히 해 봐"는 "성령님께 도움을 요청해 보자"로 바뀌고, 의지의 싸움은 함께 겸손을 배우는 기회로 변합니다. 물론 훈육이 필요할 때도 있겠지만, 여러분의 아들이나 여러분 자신이 통제력을 잃는 순간이야말로 우리가 예수님 없이는 안 된다는 것을 깨닫고, 부모로서 기도가 얼마나 중요한지를 되새길 완벽한 순간입니다.

부모가 ──
부모에게

▶ 갈라디아서에 또 다른 열매 목록이 있다는 사실을 알고 있나요? (사실, 바울은 이 목록을 먼저 언급했습니다.) 바로 '육체의 열매', 즉 '자아의 열매'입니다. 갈라디아서 5장 19-21절에 나옵니다. 이 구절을 읽으며, 아들의 삶에서 육체의 열매를 제거해 달라고 기도하세요.

▶ 그리고 이어지는 갈라디아서 5장 22-23절에 나오는 성령의 열매를 읽어 보세요. 하나님이 아들의 마음에 이 열매들이 풍성히 자라나도록 은혜를 베풀어 주시길 기도하세요.

함께 이야기해 보세요 ──────────────────────────

기도하는 마음으로 이번 장에서 배운 진리를 아들과 이야기할 기회를 찾아보세요.

- 너무 화가 나서 너 자신을 통제하지 못한 적이 있니? 그때 어떤 일이 있었니?
- 네가 스스로 조절하기 어렵다고 느끼는 부분이 또 있니?
- 왜 성경은 절제하지 못하는 사람을 "성벽이 무너진 도시"라고 표현했을까?
- 감정을 통제하기 어려운 순간이 또 생기면, 예수님께 어떻게 도움을 구할 수 있을까?

11장 거대한 떡갈나무 심기

이번 장은 아들이 읽고 있는 책의 '거짓말 9' 부분입니다.

거짓말 9: "나는 너무 어려서 할 수 없어."
진리: 미래의 네 모습은 지금의 모습과 비슷할 거야.

노블이 초등학교 1학년이었을 때 젖은 종이 타월로 감싼 나뭇가지를 들고 학교에서 집으로 돌아온 적이 있었습니다. 남자아이만 있는 집이다 보니 저(에린)는 대수롭지 않게 생각했죠. 한번은 집 안을 한 바퀴 도는 동안 나뭇가지를 아홉 개나 모은 적도 있으니 말입니다. 남자아이들은 정말 나뭇가지를 좋아합니다.

    노블은 우리 집 아이 중 성격이 가장 진중합니다. 그 아이의 머릿속은 항상 바쁘게 돌아가지만, 입은 거의 열지 않지요.

    나중에 알게 된 사실이지만, 그날은 '지구의 날'이었습니다. 노블은 학교에서 작은 박태기나무 묘목을 받았습니다. 집에 심어 보라는 권유와 함께요. 사실 그 나뭇가지는 묘목이라고 부르기에는 너무 미약해 보였어요. 10센티미터 길이의 가지에 새싹도, 잎도 하나도 없는 상태였으니까요.

    노블은 우리에게 도움을 요청하지 않고 혼자 삽을 찾아냈습니다. 그리고 제가 글을 쓰는 방의 창문 바깥에 구멍을 파고 묘목을 심었죠. 아이의 어린 마음을 다치게 하고 싶지 않았고, 그 따뜻한 배려가 고마워서 노블에게 저를 생각해 주어 고맙다고 말했습니다. 그리고 빨리 그 묘목이 꽃을 피우는 모습을 보고 싶다고 말했어요.

그렇게 봄이 지나고 여름이 왔습니다. 우리 지역 특유의 더위와 습기가 가득한 여름이었죠. 그리고 겨울이 왔습니다. 작은 나뭇가지는 심긴 그 자리에 서 있었지만, 저는 이미 죽었다고 생각했어요.

하지만 다시 봄이 왔을 때 기적이 일어났습니다. 저의 작은 나무, 바로 우리 아들이 믿음으로 심은 그 나무는 새순을 틔우고, 이어서 작은 분홍색 꽃봉오리들을 피웠습니다. 살아 있었던 거예요! 노블은 단순히 나뭇가지를 심은 것이 아니라 진짜 나무를 심었던 것입니다! 엄마를 향한 아들의 따뜻한 마음과 진심 어린 행동은 열매를 맺었고, 그 열매는 지금까지도 계속 이어지고 있습니다.

여러분의 아들도 지금 책을 읽으며 단순하지만, 중요한 원칙을 배우고 있습니다. 이 원칙은 『우리가 믿는 거짓말』 시리즈의 저자인 낸시 드모스 월게머스가 그녀의 아버지에게 배운 지혜이기도 합니다. 낸시가 성장하는 동안 그녀의 아버지는 자주 이렇게 말씀하셨어요. "너는 지금 미래의 네 모습을 빚고 있단다." 다시 말해, 지금 심고 있는 씨앗들이 자라면서 우리 삶에 열매를 맺는다는 뜻이죠. 하나님도 말씀을 통해 그분의 자녀들에게 똑같이 가르치십니다.

갈라디아서 6:7 "자기를 속이지 마십시오. 하나님은 조롱을 받으실 분이 아니십니다. 사람은 무엇을 심든지, 심은 대로 거둘 것입니다."

부모로서 느끼는 부담 중 하나는 이 말씀이 진리임을 안다는 것입니다. 저희 부부는 19년이라는 짧지만 중요한 시간 동안 '자녀의 인생'이라는 집을 지탱할 기초를 쌓아야 합니다. 작은 습관 하나, 예를 들면 공갈 젖꼭지를 물리는 것 같은 사소한 행동조차도, 시간이 지나면 바꾸기 어려운 패턴으로 굳어진다는 것을 저희 부부는 지켜보았습니다. 하지만 우리의 아들들은 아직 모를 수 있습니다.

아이들에게는 어린 시절이 영원처럼 느껴집니다. 여덟 살인 아이에게 서른 살은 상상조차 하기 어려운 나이입니다. 아이들은 자신의 미래에 관해 생각하지만, 마치 초점이 흐리게 찍힌 사진처럼 느껴질 것입니다. 초등학교 4학년의 내가 마흔 살의 나와 어떻게 연결되는지를 아이들이 이해하기는 어렵지만, 다행히 아이들의 곁에는 여러분이 있습니다. 아이가 아직 자기 삶에 대한 원대한 비전을 갖지 못했더라도, 여러분의 말과 본보기를 통해 오늘 심고 가꾸는 씨앗이 내일 열매를 맺는다는 것을 배울 수 있습니다.

저희 아이들은 제가 가르치고 싶지 않은 방법으로 이 교훈을 배웠습니다. 저(에린)는 10년 넘게 아이를 낳고, 키우고, 연로하신 부모님을 돌보느라 저 자신을 돌보아야 할 필요성을 잠시 잊고 말았습니다. 건강을 위해 좋은 씨앗을 심기보다는 정크 푸드를 너무 많이 먹었고, 운동을 너무 적게 했으며, 휴식을 충분히 취하지 못해서 질병이라는 씨앗을 심은 것입니다. 결국 이 잘못된 선택의 결과가 금세 심각한 건강 문제로 드러났습니다.

지난 1년 동안 아들들은 제가 새로운 씨앗을 심는 것을 지켜보았습니다. 매일 걷기를 시작하자, 아이들도 저와 함께 걸었습니다. 식습관을 바꾸니 아이들도 어느 정도 따라왔습니다. 거실에서 유산소 운동을 시작하자 아이들도 함께 움직였습니다. 아이들의 심장은 이미 젊고 튼튼했지만(감사합니다, 예수님!), 저는 그동안 좋지 않은 습관으로 약해진 심장을 회복해야 했습니다. 변화를 이루려면 꾸준한 훈련과 성령님의 도우심을 받아 많은 면에서 절제해야 했지만, 저는 꾸준히 노력했고 이제는 그 결실을 누리고 있습니다. 제가 드리고 싶은 메시지는 이것입니다. 여러분 자신이나 자녀가 더 나은 방향으로 새롭게 나아가기에 절대 늦지 않았다는 것입니다. 언제든지 진리라는 기준으로 돌아와 다시 시작할 수 있습니다.

시편 92편은 더 강하고 건강한 삶으로 나아가는 여정에서 제게 큰 힘이 되어 주었습니다. 12절에서 15절 말씀을 읽어 보세요.

"의인은 종려나무처럼 우거지고,

레바논의 백향목처럼 높이 치솟을 것이다.

주님의 집에 뿌리를 내렸으니,

우리 하나님의 뜰에서 크게 번성할 것이다.

늙어서도 여전히 열매를 맺으며,

진액이 넘치고, 항상 푸르를 것이다.

그리하여 주님의 올곧으심을 나타낼 것이다.

주님은 나의 반석이시요, 그에게는 불의가 없으시다."

    그리스도 안에 있는 우리의 삶을 보여 주는 이 이미지가 멋지지 않나요? 풍성함, 강인함, 열매 맺는 삶. 아들에게 이보다 더 바랄 것이 있을까요?

    현재의 습관이 미래의 삶에 어떤 영향을 미칠지 아들이 스스로 고민할 수 있도록 도와주세요. 특히, 하나님의 말씀을 읽는 시간을 갖도록 격려하세요. 매일 성경을 펴고 진리를 배우는 이 단순한 습관으로 훗날 아이의 삶에 풍성한 의의 열매가 맺힐 것입니다.

부모가 ──
부모에게

▶ 갈라디아서 6장 7절 말씀을 다시 한번 깊이 묵상하세요.
"자기를 속이지 마십시오. 하나님은 조롱을 받으실 분이 아니십니다. 사람은 무엇을 심든지, 심은 대로 거둘 것입니다."

▶ 아들이 아래 영역에서 진리의 씨앗을 심을 수 있도록 기도해 주세요.
- 시간 활용
- 휴식
- 성경 묵상
- 가족을 사랑하고 돌보기

함께 이야기해 보세요

기도하는 마음으로 이번 장에서 배운 진리를 아들과 이야기할 기회를 찾아보세요.

- 우리가 정원을 만든다면, 어떤 식물을 키우고 싶니? (이미 정원이 있다면, 올해 특별히 심고 싶은 것이 있는지 물어보세요.)
- 커서 어떤 사람이 되고 싶니? 우리가 어떻게 도와주면 좋을까?
- 고치고 싶은 습관이 있니?
- 지금 당장 예수님을 위해 용기 있게 살 수 있는 방법에는 어떤 것이 있을까?

12장 이제 가서 그대로 하라

이번 장은 아들이 읽고 있는 책의 '거짓말 10' 부분입니다.

거짓말 10: "내가 예수님을 따르는 건 비밀이야."
진리: 하나님은 네가 '가서 전하길' 바라셔.

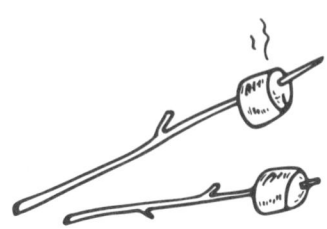

저희 부부가 이 책을 펴낼 줄은 상상하지 못했습니다. 지금은 아이들이 없는 삶을 상상할 수 없지만, 한때는 아이를 갖고 싶지 않다고 생각한 적도 있습니다. 돈이나 직업 때문이 아니라 사역에 전념하기 위해서였죠. 저희 부부는 아이들이 하나님 나라를 세우는 사역을 하는 데 방해가 된다고 생각했습니다.

저희 부부는 잠언 16장 9절의 진리를 보여 주는 살아 있는 증거입니다. "사람이 마음으로 자기의 앞길을 계획하지만, 그 발걸음을 인도하시는 분은 주님이시다."

하나님은 그분의 말씀과 사람들을 통해 자녀가 우리에게 주어진 사역임을 은혜롭게 알게 하셨습니다. 제자 훈련의 방법은 여러 가지가 있지만, 우리가 자녀에게 그리스도를 가르치고, 자녀를 통해 하나님께 의지하는 법을 배우는 과정은 우리의 생각보다 훨씬 더 큰 의미를 지닙니다.

여러분이 이 책을 읽는 이유는 자녀가 하나님이 주신 소중한 선물(시 127:3)임을 인정하고, 그들을 잘 양육하고 책임 있게 돌보고 싶기 때문입니다.

그리스도인에게 놀라운 사실은, 자녀가 그리스도 안에서

우리의 형제자매라는 것입니다. 궁극적으로, 하나님이 자녀를 부르신 이유도 우리와 동일합니다. 그들도 하나님을 사랑하고, 사람을 사랑하며, 잃어버린 세상에 복음을 전하는 거룩한 사명을 감당하는 것입니다.

여러분의 아들은 오늘 『앗, 내가 이런 거짓말을 믿었다니!』의 마지막 이야기를 읽으며, 예수님의 지상명령을 자신의 사명으로 받아들이도록 도전받을 것입니다. 예수님이 승천하시기 직전 제자들에게 하신 말씀을 떠올려 보세요. 이 말씀은 오늘날까지 이어져 모든 그리스도인의 마음속 깊이 울려 퍼지고 있습니다.

> **마태복음 28:18-20** "예수께서 다가와서, 그들에게 말씀하셨다. '나는 하늘과 땅의 모든 권세를 받았다. 그러므로 너희는 가서, 모든 민족을 제자로 삼아서, 아버지와 아들과 성령의 이름으로 세례를 주고, 내가 너희에게 명령한 모든 것을 그들에게 가르쳐 지키게 하여라. 보아라, 내가 세상 끝 날까지 항상 너희와 함께 있을 것이다.'"

때로 우리는 너무 복잡하게 생각합니다. 하지만 예수님이 제자들에게 복음을 맡기실 때 길고 복잡하게 설교하지 않으셨습니다. 그분은 단 두 가지를 말씀하셨습니다.

1. 가서 제자를 삼으라.

2. 말씀을 가르치라.

저희는 부모가 된다는 것이 얼마나 부담스럽고 어려운 일인지 잘 알고 있습니다. 항상 쌓여 있는 양말 더미처럼 과중한 일들이 기다리고 있습니다. 하지만 궁극적으로 하나님이 여러분에게 맡기신 일은 위의 두 가지로 요약됩니다. 예수님과 동행하며 가정에서 제자를 삼고, 하나님의 말씀을 가르치는 것입니다. 이와 관련해 바울이 쓴 고린도전서 3장 7절이 떠오릅니다.

"그러므로 심는 사람이나 물 주는 사람은 아무것도 아니요, 자라게 하시는 분은 하나님이십니다."

부모 중 한 명이 씨를 심고, 다른 한 명이 물을 줄 수도 있습니다. 목회자가 씨를 심고 여러분이 물을 줄 수도 있습니다. 때로는 조부모님이 심은 씨앗에 여러분이 물을 줄 수도 있습니다. 여러분이 씨를 심고 어린이 사역자가 물을 주거나, 그 반대일 수도 있습니다. 그러나 결국 중요한 것은 자녀의 마음에 심긴 씨앗이 자라도록 하나님께 온전히 맡기는 것입니다. 하나님이 그 씨앗을 자라게 하실 것입니다.

신약 성경에는 한 율법사가 예수님께 영생에 대해 질문

하는 장면이 나옵니다. 논쟁에 능숙했던 그는 예수님의 첫 번째 대답에 이어 이렇게 물었습니다. "그러면, 내 이웃이 누구입니까?"(눅 10:29).

그러자 예수님은 우리가 잘 아는 선한 사마리아인의 비유를 들려주셨습니다. 이 이야기는 누가복음 10장 30-37절에 나옵니다.

예수님은 자신을 스스로 돌볼 수 없는 사람들을 어떻게 돌보아야 하는지 가르치셨습니다. 지금 여러분의 아들도 그런 상황에 있습니다. 아이는 아직 일을 하거나 대출을 갚아야 할 나이가 아닙니다. 모든 결정을 스스로 내릴 만큼 성장하지도 않았습니다. 게다가 아이에게는 도움이 필요하고, 때로는 그 필요가 너무 커 보이기도 합니다.

바쁜 일상에서 아들의 필요를 나중으로 미루고 싶거나, 외면하고 싶어질 때가 있더라도 기억하십시오. 여러분의 아들은 바로 오늘 여러분이 필요합니다. 하나님은 아들을 여러분에게 선물로 주셨습니다. 그 아이는 여러분의 아들이자 그리스도 안에서 형제일 뿐만 아니라, 여러분의 이웃입니다. 예수님의 이름으로 아들을 사랑하고 돌보는 것은, 그리스도가 여러분에게 베푸신 은혜를 보여 주는 아름다운 행위입니다.

누가복음 10:36-37 "'너는 이 세 사람 가운데서 누가 강도 만난 사람에게 이웃이 되어 주었다고 생각하느냐?' 그가 대답하였다. '자비를 베푼 사람입니다.' 예수께서 그에게 말씀하셨다. '가서, 너도 이와 같이 하여라.'"

부모가 ——
부모에게

▶ 이사야 6장 8절을 묵상하세요.
"그 때에 나는 주님께서 말씀하시는 음성을 들었다. '내가 누구를 보낼까? 누가 우리를 대신하여 갈 것인가?' 내가 아뢰었다. '제가 여기에 있습니다. 저를 보내어 주십시오.'"

▶ 아들을 위해 기도해 주세요.
- "아들이 지상명령을 기쁘게 받아들이도록 도와주세요."
- "예수님의 이름으로 다른 사람을 사랑할 수 있는 마음을 갖도록 도와주세요."
- "아들이 하나님의 도구로 사용되어 그의 생애를 넘어 지속되는 열매를 맺도록 도와주세요."

함께 이야기해 보세요

기도하는 마음으로 이번 장에서 배운 진리를 아들과 이야기할 기회를 찾아보세요.

- 친구들에게 예수님을 어떻게 설명할 수 있을까?
- 다른 사람들에게 예수님에 관해 이야기할 때 기분이 어떠니?
- 예수님에 관해 이야기하는 연습을 같이해 볼까?
- 예수님을 모르는 친구가 있니? 그 친구를 위해 함께 기도하면 어떨까?

부모가 믿고 있는
열 가지 거짓말

1.

거짓말: "아들의 믿음은 내가 통제할 수 있다/ 없다."

진리: 하나님은 아들을 우리에게 선물로 맡기셨습니다. 부모는 진리의 씨앗을 심을 책임이 있지만, 하나님의 말씀을 받아들이는 선택은 아들의 몫입니다.

> **신명기 6:6-9** "내가 오늘 당신들에게 명하는 이 말씀을 마음에 새기고, 자녀에게 부지런히 가르치며, 집에 앉아 있을 때나 길을 갈 때나, 누워 있을 때나 일어나 있을 때나, 언제든지 가르치십시오. 또 당신들은 그것을 손에 매어 표로 삼고, 이마에 붙여 기호로 삼으십시오. 집 문설주와 대문에도 써서 붙이십시오."

2.

거짓말: "아들과 _____에 관해 이야기하기에는 너무 이르다."

진리: 세상은 아들의 나이에 상관없이 제자로 삼으려 합니다. 지금이야말로 아들의 삶을 진리 위에 세워야 할 때입니다.

> **잠언 1:8-9** "아이들아, 아버지의 훈계를 잘 듣고, 어머니의 가르침을 저버리지 말아라. 진정 이것은 머리에 쓸 아름다운 관이요, 너의 목에 걸 목걸이이다."

3.

거짓말: "모든 아이는 반항한다. 그것이 정상이다."

진리: 하나님의 은혜로, 예수님을 사랑하고 그분의 말씀에 순종하기 원하는 사람으로 키울 수 있습니다.

> **요한삼서 1:4** "내 자녀들이 진리 안에서 살아가고 있다는 소식을 듣는 것보다 더 기쁜 일이 나에게는 없습니다."

4.

거짓말: "나는 부모로서 실패했다! 내 아이들에게 진리를 가르치기에는 너무 늦었다."

진리: 모든 부모는 죄를 짓습니다. 그래서 우리 가정은 오히려 복음이 뿌리내리기에 적합한 토양이 될 수 있습니다.

> **요엘 2:12-13** "'지금이라도 너희는 진심으로 회개하여라. 나 주가 말한다. 금식하고 통곡하고 슬퍼하면서, 나에게로 돌아오너라. 옷을 찢지 말고, 마음을 찢어라.' 주 너희의 하나님께로 돌아오너라. 주님께서는 은혜롭고 자비로우시며, 오래 참으시며, 한결같은 사랑을 늘 베푸시고, 불쌍히 여기는 마음이 많으셔서, 뜻을 돌이켜 재앙을 거두기도 하신다."

5.

거짓말: "우리 가족은 너무 바빠서 함께 성경 읽을 시간이 없다."

진리: 성경은 하나님의 영감으로 기록된 말씀으로, 그리스도인으로 살아가는 데 꼭 필요한 지침서입니다.

> **히브리서 4:12** "하나님의 말씀은 살아 있고 힘이 있어서, 어떤 양날칼보다도 더 날카롭습니다. 그래서, 사람 속을 꿰뚫어 혼과 영을 갈라내고, 관절과 골수를 갈라놓기까지 하며, 마음에 품은 생각과 의도를 밝혀냅니다."

6.

거짓말: "자녀 양육의 목표는 착한 아이로 키우는 것이다."

진리: 모든 일의 목표는 하나님께 영광을 돌리는 것입니다.

> **골로새서 3:23** "무슨 일을 하든지 사람에게 하듯이 하지 말고, 주님께 하듯이 진심으로 하십시오."

7.

거짓말: "나는 성경을 잘 몰라서 아들에게 가르칠 수 없다."

진리: 성령님이 하나님의 말씀을 이해하고 다른 사람들과 나눌 수 있도록 도와주십니다.

>**요한복음 14:26** "그러나 보혜사, 곧 아버지께서 내 이름으로 보내실 성령께서, 너희에게 모든 것을 가르쳐 주실 것이며, 또 내가 너희에게 말한 모든 것을 생각나게 하실 것이다."

8.

거짓말: "내 아들은 하나님 이야기에 관심이 없다."

진리: 모든 아이의 마음에는 하나님만 채우실 수 있는 빈자리가 있습니다. 아이가 느끼는 깊은 갈망은 오직 하나님만 채우실 수 있습니다.

>**전도서 3:11, 개역개정** "사람들에게는 영원을 사모하는 마음을 주셨느니라."

9.
_____
거짓말: "내 아들은 나를 행복하게 해주어야 한다."

진리: 아들은 하나님께 영광을 돌리기 위해 창조되었습니다.

> **이사야 43:7** "나의 이름을 부르는 나의 백성, 나에게 영광을 돌리라고 창조한 사람들, 내가 빚어 만든 사람들을 모두 오게 하여라."

10.
_____
거짓말: "내 아들이 _____만 한다면 나는 힘들지 않을 것이다."

진리: 부모가 된다는 것은 우리가 하나님 없이는 살 수 없음을 깊이 깨닫는 과정입니다.

> **로마서 3:10-12** "'의인은 없다. 한 사람도 없다. 깨닫는 사람도 없고, 하나님을 찾는 사람도 없다. 모두가 곁길로 빠져서, 쓸모가 없게 되었다. 선한 일을 하는 사람은 없다. 한 사람도 없다.'"